CHIARA GABRIELI

S-CONFINI
Oltre i confini del testo

Prefazione di Andrea Balzola

S-CONFINI
Oltre i confini del testo

Progetto grafico: graChic Design

Con la collaborazione di

ISBN 978-1-326-38955-0

RINGRAZIAMENTI

Ringrazio tutti coloro che hanno contribuito con sensibilità, disponibilità e professionalità alla mia crescita personale e culturale. Nei Vostri confronti ho un grande debito di gratitudine. Il libro è tanto mio quanto Vostro.

Ringrazio, inoltre, coloro che mi hanno voltato le spalle poiché, da loro, ho imparato ad andare oltre i confini.

Da un certo punto in là non c'è più ritorno.
È quello il punto da raggiungere.
Franz Kafka

INDICE

Capitolo Terzo

Capitolo Quarto

Prefazione

L'ETÁ DELL'IPERTESTO
di Andrea Balzola

Il presente volume di Chiara Gabrieli, frutto di un percorso formativo presso la Scuola di Nuove Tecnologie dell'Arte dell'Accademia di Brera e di una serie di esperienze professionali e creative nel campo dei nuovi media digitali interattivi, entra in un ambito editoriale molto avaro di titoli, e quindi offre uno strumento propedeutico molto utile per capire le origini, il significato e il divenire dell'ipertestualità, dimensione oggi imprescindibile per qualsiasi forma di apprendimento, di comunicazione, di ricerca e di progettazione dei linguaggi tecnologici. Come le ere preistoriche sono distinte in base ai materiali naturali che gli uomini scoprivano ed utilizzavano per far evolvere le loro condizioni di sopravvivenza e dare origine alle civiltà (età della pietra, del bronzo, del ferro) , l'era tecnologica che stiamo vivendo - dalla rivoluzione industriale alla rivoluzione informatica – è scandita dall'invenzione e diffusione dei nuovi media, con le loro caratteristiche tecniche e linguistiche. Seguendo questa impostazione, *l'era del personal computer* s'identifica per tre elementi distintivi: l'interattività (il dialogo uomo-macchina), l'interconnessione globale (il Web), e l'ipertestualità (la scrittura e la lettura non lineari, costruite mediante un'interrelazione di testi, immagini, suoni collegati fra loro in modo non sequenziale ma simultaneo). Si tratta di una rivoluzione copernicana della comunicazione, sviluppata attraverso il personal computer multimediale ed ora trainata dalla telefonia cellulare che miniaturizza e mobilizza tutte le funzioni di elaborazione e trasmissione dei dati. L'utilizzo del web è diventato dall'inizio

13

del nuovo millennio una pratica diffusa capillarmente a livello planetario (con l'esclusione molto grave delle popolazioni più povere e meno sviluppate) e ha modificato tutti gli ambiti della vita umana, dall'economia al lavoro, dall'informazione all'educazione, dall'intrattenimento alla sicurezza. Per le nuove generazioni delle società tecnologiche, nate a partire dagli anni Novanta del Novecento e chiamate appunto "native digitali", il termine "navigare" ha di fatto soppiantato o surclassato quello di "leggere", perché le persone, soprattutto i giovani, trascorrono e impegnano molto più tempo sui pc, sui telefonini e sui tablet, che non sulla carta stampata dei libri e dei giornali. Non è solo una questione di cambiamento dei supporti - che pure è significativo perché implica un processo di miniaturizzazione, smaterializzazione e virtualizzazione - si tratta di una trasformazione radicale di modalità e di senso. Il percorso creativo e il percorso cognitivo dell'ipertesto si differenziano da quelli del testo tradizionale pur ereditandone varie caratteristiche. La non linearità e la moltiplicazione, simultanea e virtualmente illimitata, delle connessioni fra informazioni verbali, visive e sonore, costituiscono il fulcro del modello ipertestuale. Come ricorda Ken Robinson, uno dei teorici del "pensiero divergente" e del cambiamento radicale dei paradigmi educativi, l'intelligenza funziona mediante connessioni e interrelazioni costanti, il cervello elabora in modo interattivo, ipertestuale e multisensoriale. Il cervello non è diviso in compartimenti, vive anzi di sconfinamenti, come opportunamente suggerisce il titolo scelto da Chiara Gabrieli per questo libro. Fin dalle origini dell'osservazione scientifica, l'essere umano cerca di conoscere i misteri e le facoltà del suo cervello, sia mediante uno studio diretto di esso sia riproducendone e oggettivandone le funzioni, tutta la ricerca orientata all'invenzione ed all'evoluzione del computer e dell'intelligenza artificiale si muove in questa direzione e mira a dotarsi di strumenti sempre più sofisticati, rapidi, flessibili ed accessibili per ottenere una conoscenza globale.

Dalle prime intuizioni di Vannaver Bush nel 1945, fino al progetto Xanadu di un sapere universalmente condiviso mediante l'innovazione tecnologica che porta Ted Nelson nel 1965 a coniare il termine "ipertesto", per approdare alla nascita del web (creato da Tim Berners Lee e definito da Jay David Bolter appunto come un grande ipertesto), l'obbiettivo perseguito era quello di creare un modello dinamico in grado di riprodurre e di gestire la complessità delle esperienze cognitive, trasformando il sistema globale della comunicazione. Questo modello è l'ipertesto interattivo, studiato a partire dagli anni Ottanta da teorici della letteratura, come George P.Landow e da filosofi come Pierre Levy, sperimentato nel campo narrativo da programmatori creativi come il team diretto da Mark Bernstein per la Eastgate System, prima azienda produttrice del software per ipertesti narrativi *Storyspace*, utilizzato da una nuova generazione di scrittori come Michael Joyce (autore del primo romanzo ipertestuale pubblicato nel 1987 su cd rom: *Afternoon, a story*), Stuart Moulthrop, Shelley Jackson (autrice di una rielaborazione al femmile del Frankestein: *Patchwork Girl* del 1995), fino a Mark Amerika e Yael Kanarek che utilizzano il web per sviluppare degli ipertesti narrativi aperti. Come sempre accade, l'ipertesto narrativo non nasce improvvisamente e dal nulla, ma prende progressivamente forma nelle intuizioni artistiche di molti scrittori precursori, di cui facciamo solo alcuni esempi: *Vita e opinioni di Tristram Shandy* di Sterne (1760), *Centomila miliardi di poemi di Quenau* (1961), *Composition n.1* di Saporta (1962), *Il libro di sabbia* e *Il giardino dei sentieri che si biforcano* di Borges (1974), *Se una notte d'inverno un viaggiatore* di Calvino (1979), *Il dizionario dei Khazari* di Pavic (1988). Anche molti film d'autore hanno sperimentato delle strutture narrative multineari e non lineari, parallele o con rimescolamenti temporali della fabula.

Partendo dalle origini delle strutture narrative (il mito, la fiaba, etc.), che si codificano con la nascita della scrittura e si sviluppano con l'evoluzione dei generi letterari, l'autrice di questo volume, mette in evidenza sia le continuità che le discontinuità di questi modelli narrativi rispetto alla produzione ipertestuale, analizzandone le componenti (nodi, link e mappe di navigazione), le strutture (assiale, gerarchica, reticolare), i percorsi narrativi (ipertesti ramificati: divergenti, ad asola; combinatori: ordinati, fattoriali), e gli effetti che essi producono rispetto al testo tradizionale: ridefinizone del rapporto autore-lettore (interattività); ridefinizone della struttura narrativa (reticolarità); ridefinizione e ridimensionamento della priorità del linguaggio verbale (multimedialità). Individuate queste caratteristiche morfologiche, l'autrice ne analizza le applicazioni e le varianti nei differenti linguaggi espressivi: cinema, fumetto, teatro, libro-gioco, videogioco. Proprio il caso del videogioco interattivo, che tanto ha attratto il mondo giovanile (ma anche quello adulto) rivoluzionando i modelli dell'intrattenimento e le modalità di fruizione dei prodotti audiovisivi, rivela più di ogni altro non solo il valore aggiunto ludico dell'ipertesto, ma anche le sue enormi potenzialità narrative in chiave multimediale. Non a caso, il termine *Transmedia Storytelling* coniato nel 2003 da Henry Jenkins, sottolinea l'incrocio di due temi oggi centrali nell'evoluzione dei linguaggi espressivi, comunicativi ed educativi: da una parte la rinnovata centralità della narrazione che mediante l'uso multivalente dello storytelling consente la trasmissione di molteplici saperi in una forma particolarmente efficace per ottenere attenzione e comprensione, dall'altra parte l'uso di molteplici piattaforme e formati per offrire un'esperienza immersiva.

Se in definitiva la narrazione ipertestuale concretizza nelle sue forme complesse e molto articolate il concetto filosofico di "rizoma", teorizzato da

Deleuze e Guattari, e il principio estetico dell'"opera aperta", elaborato da Umberto Eco, tra gli anni Sessanta e Settanta, non può essere ridotta, come curiosamente suggerisce lo stesso Eco, a un semplice "nuovo genere" letterario. In quanto l'ipertesto nella sua essenza indica e innesta un cambiamento radicale del paradigma comunicativo e narrativo, riflettendo in modo decisamente più puntuale la complessità e, appunto, la non linearità, dei processi cognitivi e creativi. Si deve però riconoscere che sono ancora in gran parte da esplorare le potenzialità estetiche ed educative dell'ipertesto interattivo, tanto concettuale quanto narrativo e multimediale. Per tutte le suddette ragioni questo libro si propone come uno strumento particolarmente utile di orientamento nell'esplorazione del rapporto tra evoluzione della conoscenza e innovazione tecnologica dei linguaggi.

INTRODUZIONE

L'esplorazione dell'esperienza umana attraverso la narrazione, sviluppata nelle pagine di questo libro, implica l'adesione ad una suggestione concettuale: la narrazione come territorio di appartenenze e di significati condivisi, chiave d'ingresso a mondi possibili ed abitabili come "altra realtà". I mondi possibili sono artefatti costruiti dall'uomo attraverso il linguaggio, esistono solo grazie alla volontà e al piacere di credere. In essi opera un principio di universalità: l'Iliade e l'Odissea hanno per noi lo stesso interesse che avevano per gli uomini del VII secolo a.c. La finzione letteraria non ha alcun referente nel mondo, non trae alcun significato dai riferimenti della vita reale (anche se questi possono esserci). L'Odissea ci interessa non perché ci racconta di un uomo originario di Itaca ma perché ci racconta le avversità che ha dovuto affrontare un eroe, le cui scelte ci fanno riflettere. I mondi finzionali come quello di Alice, di Amleto, di Odisseo, hanno un'esistenza che è vincolata alla concatenazione di eventi che l'autore ha inteso rappresentare. "Alice insegue il coniglio bianco" è una proposizione che ha un riscontro nel mondo inventato da Lewis Carrol, è un evento che si colloca all'inizio di *Alice's Adventures in Wonderland*, ma non ha alcun senso chiedersi cosa ha fatto il coniglio da quando Alice lo vede sparire nella tana fino al suo ritorno. In genere, i fruitori non si pongono il problema, così come chi osserva l'ultima cena di Leonardo da Vinci non si chiede cosa ci sia sotto la tovaglia che ricopre il tavolo o cosa ci sia fuori da quella stanza. "[...] Lo stesso funziona in Mary Poppins. Nella sua Londra nessuno si domanda da dove provengano i poteri magici della baby sitter. Pur non essendo reali, sia Batman, uno che di notte corre dietro ai ladri vestito da pipistrello, sia Mary Poppins che al posto

19

dell'autobus usa l'ombrello, risultano per gli spettatori dei personaggi credibili"[1].

Tuttavia, i mondi possibili diventerebbero impossibili senza regole che li governano, allo stesso modo, le realtà abitabili crollerebbero senza strutture che le sostengano. Sia i racconti che hanno un riferimento alla realtà attuale, sia i racconti che sono frutto dell'immaginazione poetica, mitologica, teatrale, letteraria, cinematografica o musicale hanno bisogno di un impianto narrativo per potersi definire tali. Impianto che si colloca alla base del legame tra finzione e immaginazione: la struttura narrativa. Nonostante l'apparente etimologia tecnica, la struttura narrativa determina il ritmo stesso della narrazione e la sua fruibilità, la buona tenuta sia della sospensione dell'incredulità, che del livello di attenzione da parte dello spettatore. Da essa, infatti, dipende il rapporto tra autore-fruitore, fabula-intreccio, ma anche il rapporto tra i personaggi all'interno della narrazione e la relazione che essi instaurano con il circostante (costruito ad hoc per loro).

Da Aristotele in poi sappiamo che la concatenazione di eventi è il principio di base della struttura narrativa. Questa si sviluppa in tre atti secondo il principio che «ogni cosa ha inizio, sviluppo e fine»[2] e costituisce una guida alla costruzione e all'organizzazione dei passaggi drammaturgici allo scopo di costruire una narrazione efficace. La divisione in atti si basa sull'attivazione di meccanismi narrativi fondamentali: un inizio, un conflitto centrale e la successiva risoluzione. Ciascun atto rappresenta un'unità separata e completa di azione drammatica che si collega alle altre unità mediante Trama, Personaggio e Struttura. Grazie ad alcuni studi dedicati all'analisi del mito e della fiaba si sono potute delineare numerose funzioni che consentono di dare luogo ad una

---

1   A. Balzola, R. Pesce, *Storyboard. Arte e tecnica tra lo script e il set*, Dino Audino, Roma, 2009, cit. p.145
2   *Poetica*, cap. 6-8

narrazione fantastica (*Capitolo Secondo*). Non sempre tutte le funzioni sono riscontrabili nel medesimo testo, tuttavia esse ne tracciano l'andamento narrativo lineare, cadenzato da alcune tematiche fisse. È, però, opportuno specificare che solo la cultura chirografica e, soprattutto, quella tipografica costruiscono la diegesi con una trama lineare e con un climax. Nella cultura orale (*Capitolo Primo*) non vi erano impianti narratologici, ai racconti spettava il compito di trasmettere il sapere alle future generazioni. Il supporto narrativo nella tradizione orale, costituito esclusivamente da voce e memoria, contribuiva ad instaurare una relazione concreta fra narratore e pubblico. Relazione che sta alla base della possibilità di modificare il racconto: il narratore adegua, sulla base delle richieste del pubblico, la sua offerta narrativa. Con la tradizione orale, quindi, ci troviamo di fronte ad una narrazione non-lineare. Una narrazione che è ipertestuale nello spirito ma non nella forma. Le strutture narrative sono lineari poiché la scrittura prima, e la stampa, poi impongono una lettura sequenziale. La difficoltà nel riavvicinarsi all'ipertesto elettronico sviluppatosi con la parola digitale (*Capitolo Terzo*), consiste non nel riabituarsi a ragionare tramite associazioni (la nostra mente lo fa tutti i giorni), ma nel fatto che con l'ipertesto si scardinano i capisaldi delle strutture narrative come oggi noi le conosciamo. Ma come si sviluppa una narrazione all'interno di una struttura ipertestuale non-lineare? Se si deve rinunciare alla consequenzialità aristotelica tipica della struttura classica in tre atti, come evitare di frustrare il fruitore il quale, entrato all'interno di uno sviluppo di linea, si vede interrompere quello stesso sviluppo per essere trascinato di peso in un'altra linea, in un punto diverso o intorno allo stesso punto, ma d'accapo? Come evitare di perdere l'impulso ritmico della storia che progredisce, se si deve spesso fermare ciascuna linea per introdurre l'altra e poi l'altra ancora? Con la narrativa ipertestuale (*Capitolo Quarto*) entra in crisi il rapporto autore-lettore, fabula-intreccio ed è frequente il rischio di disorientare il fruitore. Come scrive Landow «l'immenso potenziale del mezzo non viene sfruttato, limitandosi a collegare un brano o un'immagine ad altri brani o immagini non si utilizzano i benefici degli ipertesti anzi, in questo modo, si rischia di allontanare l'utente. A una prima analisi, una simile considerazione, non stupisce di certo dato che gli autori di saggi, poesie, racconti e testi su carta stampata sanno che non si può scrivere semplicemente mettendo insieme frasi e paragrafi senza il supporto di strumenti stilistici e convenzioni retoriche»[3]. Appare evidente, quindi, che i soli collegamenti non bastino a fare di un ipertesto un ipertesto narrativo. Tuttavia, l'ipertesto è solo uno strumento, una modalità di redazione e di collegamento tra testi e parti del testo facilitata dall'informatica. L'ipertestualità è prima di tutto un "iperspazio di idee e concetti", un potenziamento del testo attraverso la sua virtualizzazione. Infatti l'ipertestualità, attraverso il gioco di ruolo (*Capitolo Primo*) entra nella narrazione ancora prima dell'ipertesto come tecnologia. Sono stati i libri-gioco (*Capitolo Quinto*) e, prima di loro alcuni esponenti della letteratura a prefigurare la narrativa non-lineare: Borges, Queneau, Calvino e molti altri. Oggi si direbbe che i libri-gioco abbiano esaurito la loro funzione come prodotti editoriali. In effetti le modalità di narrazione non-lineare hanno trovato altre strade, soprattutto perché i loro principali destinatari (i ragazzi tra i 7 e i 15 anni) sono attratti da apparecchiature elettroniche molto più sofisticate del libro, benché molto povere sul piano immaginativo. Dai libri-gioco e dall'incontro tra il gioco di ruolo, la narrativa e i primi passi della programmazione computerizzata nasce la *interactive fiction* che porterà qualche anno dopo ai primi veri e propri videogiochi d'avventura

---

3   George P. Landow, *L'ipertesto: tecnologie digitali e critica letteraria*, Bruno Mondatori 1998, p.164

(*Capitolo Quinto*) sul computer. L'*interactive fiction* è basata essenzialmente sulla parola scritta (sebbene digitalizzata). È difficile comprendere a fondo ciò che è oggi la cosiddetta realtà virtuale senza conoscere quello che era la virtualizzazione della parola quando la grafica era ancora un mito irraggiungibile. D'altra parte è attraverso la fiction interattiva che transita il concetto postmoderno di *remediation*, cioè dei media digitali che si appropriano delle tecniche e delle forme dei media che li hanno preceduti, rimodellandoli con ibridazioni e contaminazioni nuove (Bolter e Grusin, Remediation, 1999).

L'obbiettivo è chiedersi cosa ha fatto il coniglio bianco da quando Alice lo vede sparire nella tana, cosa ci sia sotto la tovaglia che ricopre il tavolo nell'ultima cena di Leonardo da Vinci o perchè Mary Poppins al posto dell'autobus usa l'ombrello. L'obbiettivo è andare oltre i confini del mondo possibile per raggiungerne uno in cui si possa rispondere alla domanda (che spesso fanno i bambini quando raccontiamo loro una storia): "è vero?" con una frase come "se avete costruito bene il vostro piccolo mondo, si. È vero in quel mondo". È vero perché risponde a fatti e testimonianze plausibili, è vero perché può essere socialmente condiviso. La letteratura interattiva, la narrazione ipertestuale e il videogioco hanno una profonda vocazione alla socialità, alla condivisione di esperienze. Noi non vogliamo abitare mondi possibili in solitudine, vogliamo condividere con altri le esperienze della nostra immaginazione. Fiction, narrazione e gioco sono le tre dimensioni che delineano uno spazio piuttosto ampio dell'esperienza umana. Uno spazio segnato da ambiguità, ambivalenze e contraddizioni.

Capitolo Primo
IL BISOGNO DI NARRARE

La letteratura non è nata il giorno in cui un ragazzo, gridando al lupo al lupo, uscì di corsa dalla valle di Neanderthal con un gran lupo grigio alle calcagna; è nata il giorno in cui un ragazzo arrivò gridando al lupo al lupo, e non c'erano lupi dietro di lui. Non ha molta importanza che il poverino, per aver mentito troppo spesso, sia stato divorato dal lupo. L'importante è che tra il lupo del grande prato e il lupo della grande frottola c'è un magico intermediario: questo intermediario, questo prisma, è l'arte della letteratura.

Vladimir Nabokov, *Lezioni di letteratura,* 1980

Comunicare è una necessità per ogni essere vivente, in quanto permette l'interazione con individui differenti, narrare è prerogativa dell'uomo. Narrare, richiede il possesso di autocoscienza, di un'evoluta concezione del tempo e di una sviluppata struttura sociale. Con la narrazione, infatti, ci risulta possibile dare un senso, non solo ad un evento specifico, ma ad un'intera classe di eventi esplicitando, in questo modo, l'interpretazione che diamo a ciò che ci accade. Secondo Jerome Seymour Bruner, psicologo statunitense, il linguaggio rappresenta uno degli strumenti più importanti che accomuna e fa sentire gli uomini appartenenti ad una comunità specifica: "La cultura come prodotto della storia più che della natura, divenne allora il mondo a cui adattarsi ma anche l'insieme degli strumenti per farlo"[4]. Applicando tale concetto alla categoria della

---

4   Bruner J., *La ricerca del significato. Per una psicologia culturale*, Bollati Boringhieri, Torino 1992, p.28

25

narrazione, possiamo dire che l'uomo costruisce la sua identità perché attua, con il linguaggio, una continua selezione di significati. Chi narra ci trasmette una parte di sé, o meglio, ci fa partecipi di un suo modo di vivere. Narrare significa, quindi, diffondere una storia, un evento, una situazione accaduti nel passato, ritenendo, più o meno consapevolmente, che questi siano di una certa utilità sociale o personale.

La narrazione, accompagna l'uomo attraverso i secoli della sua storia, non solo riportando fatti realmente accaduti, ma inventando, anche, vicende fantastiche: poemi epici, leggende, miti, favole, fiabe, romanzi, hanno celebrato momenti storici, hanno reso immortali uomini, hanno dato radici ai popoli e speranza alle genti, hanno sostenuto sovrani con opere di propaganda politica, hanno affiancato religioni con parabole e testi sacri, hanno aiutato genitori a far comprendere la vita ai loro figli.

1.1. Narrativa orale

La narrativa è un'arte orale. La trama del racconto apparirà, nelle narrazioni, solo con la scrittura. Per secoli, la cultura umana è stata prevalentemente orale. Essa è coinvolgente, dialogica, interattiva ed ha un orientamento concreto che si riflette nel tentativo di trasmettere il sapere: "...Un vieillard qui meurt est une bibliothèque qui brûle", un anziano che muore è una biblioteca che brucia. La morte, esprime il senso della lunga assenza e un forte rimpianto negli umani presenti, la biblioteca il luogo fisico-simbolico dell'apprendimento o dello studio. È il luogo del sapere che passa attraverso la curiosità, il dubbio e la creatività.

Il famoso pensiero espresso da Amadou Hampâté Bâ[5] spiega in modo chiaro e semplice il ruolo che ancora oggi riveste, nelle popolazioni africane, una persona anziana. La figura dell'anziano, nella cultura africana, è una garanzia di solidità e di riconosciuta sapienza. Un vero e proprio "custode del sapere" che tramanda la sua conoscenza di generazione in generazione, attraverso la narrazione. Questa, infatti, si basa su due elementi principali: la voce e la memoria.

La voce, è lo strumento mediante il quale, il narratore, espone il suo racconto. Essa, è da considerarsi non solo un supporto tecnico della narrazione, ma anche una modalità di esposizione della narrazione. Ciò in funzione del fatto che, il narratore, non è colui che crea il racconto, ma colui che lo ri-crea, lo porge e lo anima. Egli non è un autore, piuttosto un patrono della tradizione che, dalla tradizione, attinge una serie di elementi per riproporli al pubblico nel modo più opportuno. La memoria, è il supporto psichico rispetto al quale la narrazione prenderà forma.

Caratteristica fondamentale di tale supporto, è l'interiorità del suono: solo l'udito infatti "può prendere atto dell'interno di un oggetto senza penetrarlo"[6]. L'udito unifica e armonizza gli elementi, a differenza della vista che, isolandoli in singole unità, li separa. "Un'economia verbale dominata dal suono tende verso l'aggregazione (armonia) piuttosto che verso l'analisi disaggregante (che compare assieme alla parola scritta, visualizzata). Risulta impossibile fermare il suono poiché dinamico: noi sappiamo ciò che ricordiamo. Il pensiero orale è ritmico,

---

5   Amadou Hampâté Bâ, *Il saggio di Bandiagara*, 2001
6   Walter J. Ong , *Oralità e scrittura. Le tecnologie della parola*, Il Mulino 1986, p.105

perché il ritmo aiuta la memoria: il narratore racconta, in forma diegetica[7], laddove il pubblico ascolta.

Esiste, quindi, un rapporto concreto fra narratore e pubblico, che sta alla base della possibilità di modificare il "testo narrativo". Quest'ultimo, infatti, può essere ampliato, ridotto, ripetuto, adattato, senza che ciò ne modifichi la struttura portante. E' possibile sostituire personaggi, situazioni, ambienti, in quanto, il narratore adegua, sulla base delle richieste e delle aspettative, la sua "offerta" narrativa. Si può, dunque, affermare che, quando si parla di narrativa orale, ci si riferisca sempre ad una co-narrazione: il narratore crea un evento riconducibile al racconto, il cui svolgimento e durata dipendono esclusivamente dalla relazione che si instaura tra narratore e ascoltatore.

La storia è sospesa tra un incipit appena abbozzato e un finale aperto ai "possibili futuri". Ciò che accadrà durante la narrazione vera e propria è in gran parte il risultato di un'improvvisazione. Come accade nei moderni GDR (Giochi Di Ruolo), la narrazione non può essere definita tale senza la presenza di un narratore, il cui compito è molto impegnativo. Nei GDR, il tempo che egli dedica alla fase di preparazione della seduta di gioco è maggiore di quello che viene impiegato per giocare. Preparare una sessione di gioco di ruolo è come preparare

---

7   Diegesi é un termine di origine aristotelica derivante dal greco *diégesis*, "racconto", con cui la narratologia indica la narrazione come fenomeno distinto dalla mimesi (dal greco *mímesis*, "rappresentazione"). Nella diegesi l'ordine degli eventi e la durata del racconto possono essere modificati rispetto ad uno sviluppo cronologico e all'arco di tempo in cui si svolgono i fatti narrati. L'epica, il romanzo e il racconto hanno carattere diegetico: il narratore descrive fatti e situazioni invece di rappresentarli in forma diretta; nonostante ciò contengono spesso dialoghi tra i personaggi e quindi parti mimetiche come in un testo teatrale. A proposito del testo narrativo, il critico letterario francese Gérard Genette distingue tra un narratore extradiegetico, al di fuori della storia, e intradiegetico, cioè un personaggio presente all'interno della storia, il quale a sua volta può dirsi omodiegetico, se racconta avvenimenti a cui ha preso parte, oppure eterodiegetico se riferisce in modo indiretto dei fatti accaduti.

uno spettacolo: l'autore, il regista, gli attori dedicano alla messa in scena e alle prove un tempo che supera ampiamente quello della performance. È la "riproducibilità" dello spettacolo che permette la sua realizzazione in termini di investimento economico e professionale. Nel GDR, come nella cultura orale, questa "riproducibilità" non esiste. Raramente il narratore ripropone le stesse avventure a gruppi diversi. La maggior fatica compiuta dal narratore rispetto agli altri giocatori è giustificata dal fatto che in un GDR, il divario di conoscenze tra il narratore e i giocatori fa parte delle regole del gioco. È proprio questo scarto di conoscenze a rendere interessante il gioco e farne qualcosa di totalmente diverso da qualsiasi altra esperienza similare. I giocatori hanno una conoscenza limitata delle regole. Sanno quanto è loro necessario per interpretare il personaggio, sanno come vengono regolati i rapporti con gli altri personaggi (giocatori e non) e hanno un'idea generale di e consensuale dei vincoli cui il narratore deve attenersi. L'aspetto centrale di un GDR sta proprio nella impersonificazione delle regole da parte del narratore che diventa l'intermediario tra l'immaginazione dei giocatori e la concreta attualizzazione del racconto[8].

Gli eventi che si producono nello svolgimento della narrazione sono il risultato di un processo che non corrisponde in tutto e per tutto alle intenzioni di chi lo ha preparato, né alla volontà dei giocatori che vi partecipano. Il racconto emerge da atti, scambi, situazioni che sono irrevocabilmente determinati dalla conversazione: ciò che viene detto e fatto ha delle conseguenze nel mondo possibile definito dall'universo del discorso in atto. Il narratore, con la sua presenza nel luogo di interazione, diventa il "luogo sociale" in cui la fantasia di ciascuno si confronta e si incontra (e si scontra) con quella degli altri per

---

8   D'Andrea F., *L'esperienza smarrita. Il gioco di ruolo tra fantasy e simulazione*, Rubbettino, Catanzaro, 1998, p. 23

diventare condivisa. La sua presenza regolatrice non limita la libertà espressiva dei giocatori, anzi, la rende possibile. La vita dei personaggi si esprime nel dialogo che essi intrattengono con il narratore. Il dialogo e l'interpretazione, attraverso le scelte che essi compiono, producono la concatenazione degli eventi che costituiscono il racconto, così che nella mente di ogni giocatore si forma un "teatro di eventi" che è la risposta dell'intero gruppo, alla realtà illusoria condivisa. Tuttavia, il narratore non è l'autore di un testo finzionale che scrive istruzioni per un lettore, ma l'autore di un'opera aperta che ha larghi margini di indeterminatezza, sia nella definizione degli elementi che compongono il mondo, che nello svolgimento degli eventi fino alla sua conclusione. Non vi è una "ricostruzione" del mondo a opera dei lettori, ma un "processo di costruzione" del mondo a opera dei giocatori. La rinuncia del narratore a svolgere appieno il ruolo di autore, restituisce al narratore stesso la sua libertà di azione e di scelta come "giocatore" che si trova a mediare lo svolgimento del racconto e il suo esito all'interno di quelle condizioni di imprevedibilità, incertezza e conseguentemente sorpresa che sono a fondamento di una qualsiasi "realtà" narrativa.

1.2 Tra Epos e Fiction

La prima forma di componimento letterario "orale" è rintracciabile nel poema epico (dal greco antico "epos" che significa "parola", in senso più ampio "racconto"). Pur trattandosi di manoscritti, i poemi epici, restano fortemente legati alla tradizione orale. I narratori (detti aedi, cantori), cantavano di città in città il loro poema accompagnati dalla cetra. Il poema epico è generalmente caratterizzato da alcuni segni distintivi che riguardano la struttura:

30

- l'argomento trattato: il cui fulcro è costituito dalle gesta dell'eroe;

- motivi ricorrenti (facilitano la memorizzazione): la mimetica, che riporta in prosa diretta i dialoghi dei personaggi e la diegetica, ossia la narrazione in terza persona. Il poema, si apre sempre con una protasi, in cui dopo l'invocazione alla Musa viene brevemente presentato l'argomento. Ripetizione, in forma fissa, di intere scene (es. ogni volta che sorge l'alba, l'Iliade e l'Odissea ricorrono alla stessa sequenza di parole);

- lo stile formulare: Patronimici ed epiteti, rispettivamente attributi ed aggettivi che caratterizzano l'eroe, conferiscono musicalità ai versi (es. "Achille piè veloce" per Iliade, "l'astuto Odisseo" per l'Odissea), dando vita a vere e proprie formule;

Il narratore doveva, dunque, conoscere a memoria tutto il contenuto dei poemi, così da recitarlo al momento della richiesta del suo pubblico e, considerata l'enorme quantità di versi da imparare a memoria per la recitazione, prediligevano i motivi ricorrenti.[9]

---

9 Cenobio, *L'epica fra tradizione orale e tradizione scritta*, LXVII, 2008, no. 4, pp. 39-48

1.2.1. Fiaba

L'anello di congiunzione tra narrativa orale "epos" e narrativa scritta "fiction" (dall'inglese, "finzione", dal latino "fingere", "formare", "creare"), lo ritroviamo nella fiaba. Le fiabe hanno origine nella tradizione popolare: descrivono la vita della povera gente, le credenze e le paure. Spesso, il narratore di fiabe, modificava o mescolava gli eventi di una con quelli di un'altra, dando origine, talvolta, ad un'altra fiaba. La fiaba, per le sue caratteristiche, si colloca tra narrazione orale e narrativa scritta in quanto, essa, non è mai solo scritta/letta, ma è anche narrata/udita. La fiaba infatti:

- può avere forma scritta, ma discende sempre e comunque dalla narrativa orale;

- anche se scritta viene più frequentemente udita che letta;

- contiene ripetizioni, ricorrenze, formule, ritmo tipici dell'epos;

La struttura ripetitiva e prolissa, serve anche a chi ascolta perché facilita la comprensione e sostiene l'attenzione. Si possono riassumere le seguenti caratteristiche:

1. Assenza di descrizioni: la descrizione costituisce un arresto che interrompe l'evolversi delle storie;

2. Attribuzione unica: esiste un solo attributo che ci permette di cogliere l'entità descritta e ci dà l'impressione di poterla possedere (es. Cappuccetto Rosso aveva un cappuccio di velluto rosso, Pollicino era un bambino non più alto di un pollice);

3. Indeterminatezza delle strutture spazio – temporali: lo spazio e il tempo delle fiabe non hanno incidenza sulle cose, servono a conferire coerenza logica alle storie e al loro svolgimento, ma non le modificano;

4. Assenza dell'io narrante: fra autore di narrativa e lettore esiste un patto implicito. Il lettore può sempre dubitare delle affermazioni dei personaggi, ma non può mai dubitare di quelle dell'autore perché, in tal caso, la vicenda narrata sarebbe incomprensibile;

5. Inverosimiglianza: i fatti che si presentano nel racconto sono spesso fatti impossibili e i personaggi inverosimili o inesistenti nella realtà quotidiana;

6. Principio dualista: si rappresenta sempre un mondo scisso in due (i personaggi sono o buoni o cattivi, o furbi o stupidi);

7. Reiterazione e ripetizione: i motivi sono sempre ricorrenti (gli elementi e gli episodi sono spesso presenti anche in altre fiabe). Esiste anche una ricorrenza narrativa di frasi (formule di apertura "c'era una volta...", "al tempo dei tempi" o di chiusura "..e vissero felici e contenti"- formule magiche " abracadabra" etc.);

8. Celebrazione finale: c'è sempre un lieto fine, la bontà vince;

Morale: anche se non espressa chiaramente, insegna a rispettare gli anziani e la famiglia, ad onorare le istituzioni (le persone che le incarnano sono degne di rispetto solo se "buone"), ad essere generosi con i poveri e gli umili, e coraggiosi con i prepotenti (fino a sfidare le autorità) per migliorare il proprio destino.

1.2.2 Favola

Uno sviluppo analogo lo si ha con la favola (deriva dal termine latino "fabula", derivante a sua volta dal verbo "far, faris" che significa "dire", "raccontare"). Sebbene favole e fiabe abbiano molti punti di contatto, oltre alla comune etimologia, i due generi letterari sono diversi. La favola è un breve racconto fantastico, i cui protagonisti spesso sono animali, scritto per impartire un insegnamento morale. L'insegnamento morale è lo scopo per cui la favola è stata ideata. I personaggi sono caratterizzati solo in funzione del loro comportamento. Gli elementi caratteristici della favola si possono così riassumere:

1. I protagonisti sono pochi, spesso animali che pensano e parlano e che incarnano i difetti e le virtù degli uomini. Spesso ricoprono ruoli fissi: il lupo, il leone ed il serpente, ad esempio, sono simboli della malvagità e della prepotenza dei più forti; la pecora e l'agnello sono simboli della rassegnazione, della debolezza, della sottomissione al potere; la volpe è simbolo dell'astuzia etc;

2. Lo spazio ed il tempo sono indeterminati: la descrizione dell'ambiente è ridotta al minimo (una valle, un bosco, una città), così come le indicazioni di tempo ("una volta", "un bel giorno");

3. La struttura è lineare: c'è una situazione iniziale che presenta i protagonisti; segue una scena, di solito dialogata, in cui si svolge l'azione e poi la conclusione con la vittoria di uno dei contendenti;

4. Il finale raramente è lieto: spesso qualcuno muore, il debole soccombe, a volte il prepotente viene punito;

5. Il linguaggio è semplice;

6. La morale quasi sempre è esplicita, espressa in una frase in cui l'autore spiega l'insegnamento che se ne deve ricavare.

La favola può essere in prosa o in versi. Dal punto di vista della struttura letteraria, la favola presenta elementi di somiglianza anche con la parabola, nella quale, però, non compaiono animali antropomorfi o esseri inanimati.

Esempi di favole: vedi Edipo (il leone e il topo, la lepre e la tartaruga etc) o Fedro (la volpe e l'uva, la volpe e le pecore, la volpe e la cicogna, etc).

1.3 Narrativa scritta

L'avvento della scrittura, prima, e della stampa, poi, ha permesso un "addomesticamento del pensiero"[10] e il passaggio dalla cultura orale, più immediata, ad una rappresentazione grafica della lingua parlata, più duratura. "La scrittura è disumana, distrugge la memoria, è inerte e non può difendersi, è farmaco, rimedio e veleno a un tempo" queste critiche, che il filosofo Platone, nel Fedro muove alla scrittura, sono dettate dal rifiuto del vecchio mondo della cultura orale. Essa, infatti, è stata l'evento di maggior importanza nella storia delle invenzioni tecnologiche dell'uomo, è l'invenzione che ha trasformato il pensiero umano più profondamente, facilitando i processi cognitivi dell'astrazione e della riflessione.

La scrittura allontanò l'uomo dall'oggetto cui si sentiva audio/tattilmente connesso, orientandolo verso un mondo di percezione visiva. La predominanza del visivo nel sensorio, scrive Mc Luhan, assicurò la costruzione dello spazio pittorico in prospettiva, in tre dimensioni. La parola, per la cultura orale, era l'oggetto, per la civiltà alfabetica diventa una sua rappresentazione.

---

10   Jack Rankine Goody, antropologo brittanico, da Wikipedia:
     http://it.wikipedia.org/wiki/Jack_Goody

McLuhan scrive: "Ciò che è essenziale per capire questo processo, tuttavia, è che la mimesi, nel senso di Platone (ma non di Aristotele[11]) è la conseguenza necessaria della separazione e isolamento della forma visiva dalla sua normale fusione nell'intreccio audio-tattile dei sensi."[12]. Ong, nel libro mette in luce come, nonostante la nascita e lo sviluppo di nuove forme di scrittura, residui di oralità, siano riscontrabili anche in una cultura alfabetizzata, quale è la nostra. Egli ritiene che "la trasformazione elettronica dell'espressione verbale ha accresciuto quel coinvolgimento della parola nello spazio che era iniziato con la scrittura, e ha contemporaneamente creato una nuova cultura, dominata dall'oralità secondaria"[13]. La "nuova oralità" presenta somiglianze con la vecchia per il senso della comunità, la concentrazione sul presente e addirittura per l'uso di alcune formule, ma essa genera il senso di appartenenza a gruppi molto più ampi, a ciò che McLuhan chiama "villaggio globale"[14].

La narrativa, è il genere che più risente del passaggio dall'oralità alla scrittura e, più precisamente, alla stampa. Come abbiamo visto, il materiale della narrativa orale è inscindibile dalla *performance* in cui viene espresso; al contrario, con la scrittura, le parole si scelgono con cura, con precisione e, secondo il criterio della chiarezza, possono essere cancellate, corrette o sostituite.

---

11 Aristotele si oppone alla posizione platonica che considerava l'arte un'imitazione dell'imitazione, quindi un allontanamento dal vero e afferma che la mimesi artistica non riproduce passivamente la parvenza delle cose, ma ricrea le cose secondo una nuova dimensione, quella del possibile e del verosimile. Inoltre, mentre la natura dell'arte consiste nella imitazione del reale secondo la dimensione del possibile, la sua finalità consiste nella purificazione delle passioni. L'arte insomma ci scarica dell'emotività e delle tensioni che accumuliamo, provocando una piacevole sensazione di benessere (sensazione emotiva) che Platone aveva condannato
12 Marshall Mc Luhan, *La galassia Gutenberg: nascita dell'uomo tipografico*, Università di Toronto, 1962, pp. 83-84
13 Walter J. Ong , *Oralità e scrittura. Le tecnologie della parola,* Il Mulino 1986, pp. 190-192
14 Marshall Mc Luhan, *Gli strumenti del Comunicare*, 1964

Non più, la memoria, si basa sulle formule e sul ritmo. Con la scrittura, la memoria, si deposita nei dizionari e nei manuali, creando nuovi codici linguistici complessi ed elaborati, la cui ricchezza influenza la capacità descrittiva/narrativa delle parole stesse. I personaggi della narrativa scritta, secondo Ong, sono "a tutto tondo perché hanno in sé l'incalcolabilità della vita". Il personaggio chirotipografico fa emergere più lati e sfaccettature del proprio carattere, ha motivazioni psicologiche complesse unite alla possibilità di cambiarle nel corso della narrazione. Ma solo con la stampa nasce l'idea della prosa, prima la diegesi era in versi. Senza la stampa l'ordine cronologico degli eventi era difficile da gestire e, con essa, questo diventa una sorta di elencazione. Fino al romanzo poliziesco, infatti, la narrazione era organizzata ad episodi, come nel romanzo picaresco (vedi romanzo par 1.3.2). Inoltre, solo la cultura chirografica e, soprattutto, quella tipografica costruiscono la diegesi con una trama lineare e con un climax, secondo la famosa piramide di Freytag. Nel romanzo, vi è una tensione crescente fino al climax, in cui viene sciolta e l'azione, ribaltata. La stampa impone una lettura cinematica "ad inquadrature". L'atto del leggere si accelera con la tipografia e, grazie allo sviluppo di caratteri chiari ed uniformi, si acquisisce una maggiore velocità di lettura che, con le dimensioni contenute e tascabili del libro, portarono alla lettura individuale, silenziosa e solitaria. Il libro stampato è l'antenato del mass medium (ancora oggi evidente nei *best-seller*). Esso, ha offerto la possibilità di avere un pubblico per il proprio prodotto. La stampa richiese una legge di paternità per i propri prodotti, poiché il processo tipografico diffuse la concezione dell'immutabilità e della completezza dell'opera. Lo scrittore smise di essere un amanuense e divenne un autore.

1.3.1 Racconto

Il racconto è una composizione narrativa breve in prosa, il cui contenuto può essere di natura fantastica o realistica. Per via delle sue ridotte dimensioni, il racconto, richiede una meticolosa attenzione ai dettagli e, ciò, comporta necessariamente la presenza di alcune caratteristiche strutturali:

1. Un racconto presenta una trama unica che ruota intorno ad un evento principale;

2. Offre ed approfondisce i personaggi senza sviluppare troppi intrecci;

3. Tempo e luogo sono ben delineati in poche righe;

4. Possono essere presenti dialoghi che aiutano ad animare la vicenda;

5. Si ha sempre un finale inaspettato e, talvolta, può essere presente il cosiddetto "finale aperto".

Il racconto, quindi, nasce nel momento in cui si desidera narrare il verificarsi di un evento: è la fotografia di un fatto, realistico o fantastico, che solitamente viene scritto al fine di semplice intrattenimento[15]. Il genere del racconto, acquista autonomia sotto forma di novella, a partire dalla raccolta anonima *Il Novellino* (1281-1300), e si afferma definitivamente con uno dei più grandi autori di piccole storie, Giovanni Boccaccio e il suo *Decameron* (1350-1353). A Boccaccio si deve anche l'introduzione dell'espediente della "cornice", un pretesto narrativo che giustifica l'atto del raccontare[16].

---

15   Il racconto a differenza del romanzo, è fondamentalmente un'opera visiva per questo più del romanzo ha la vocazione ad essere trasposto in media a prevalenza visiva

16   La storia "cornice" è la storia che fa da cornice alle cento novelle del Decameron: dieci giovani fiorentini -sette donne e tre uomini- fuggono da Firenze durante la pestilenza del 1348 e si rifugiano in una villa di campagna. I dieci giovani, immersi

Dopo il periodo rinascimentale, il racconto, perde autonomia convivendo con altre forme narrative. Nel Settecento, la narrazione breve, si rinvigorisce e getta le basi per quella che sarà la "consacrazione" ottocentesca, grazie al contributo dei più famosi scrittori di racconti di tutti i tempi. Autori come Edgar Allan Poe, Guy de Maupassant e Anton Cechov, costituiscono i massimi esempi del racconto dell'Ottocento, e saranno punti di riferimento obbligati per i successivi scrittori che vorranno pubblicare racconti. L'Italia, negli ultimi due secoli, può vantare un'ampia schiera di scrittori di racconti, per citarne alcuni: Giovanni Verga, Luigi Pirandello, Gabriele d'Annunzio, Italo Svevo, Primo Levi, Alberto Moravia, Italo Calvino etc.

---

in una natura incontaminata, trascorrono il loro tempo cantando, ballando e raccontandosi, ogni giorno, una novella per ciascuno. Essendo dieci i ragazzi e, durante l'esilio dieci giorni, si ottiene un numero totale di 101 storie: 100 novelle + la cornice, che fa da sfondo alle novelle

1.3.2 Romanzo

Il romanzo è un genere della narrativa in prosa, si distingue dal racconto, per la narrazione più estesa e, soprattutto, per la maggiore complessità e ricchezza dell'intreccio, delle vicende e dei personaggi. Anche qui, come nel racconto, si ritrovano caratteristiche strutturali distintive:

1. Un romanzo presenta una trama articolata, le relazioni tra le vicende tendono a generare una trama principale, accompagnata da quelle secondarie (talvolta si sviluppano su piani temporali distinti);

2. I personaggi sono molteplici, complessi, profondi e hanno un'importanza cruciale: sono i pilastri su cui si fonda la narrazione, vengono descritti in maniera dettagliata, divenendo protagonisti di una storia che si sviluppa in un lungo arco di tempo;

3. Il narratore è caratterizzato da "un punto di vista": al variare di questo, varia il modo di raccontare la storia e, di conseguenza, di fruire la storia.

"Il romanzo, è il genere proprio dell'individuo isolato nella società moderna. Ha in sé lo spirito dell'informazione che vuol essere intelligibile di per sé e alla portata di tutti e pretende di poter essere controllata immediatamente"[17]. Il termine "romanzo" deriva dal francese "romanz", proveniente a sua volta dal latino "Romanice loqui", che significa "parlare in lingua romanza". Le origini del romanzo, si rintracciano in Spagna nei primi anni del XVI secolo, sotto forma di romanzo picaresco. Si tratta di un genere basato sulle avventure, spesso

---

17   W. Benjamin, *Il Narratore. Considerazioni sull'opera di Nicola Leskov, in Angelus Novus*, Torino Einaudi, 1976, pp. 240-241

comiche e realistiche, del picaro: personaggio di umile origine, vagabondo, briccone, che per sopravvivere fa qualunque mestiere, si piega a incarichi servili o ricorre a furti e imbrogli. Un vero e proprio maestro nell'arte di arrangiarsi. Il mondo dei romanzi picareschi è sempre contornato da un'aura negativa che, spesso, sfocia nella parodia. Tra il Cinquecento e il Seicento, nasce il romanzo moderno con il *Don Chisciotte* dello scrittore spagnolo Miguel de Cervantes Saavedra, testo che risente sia del genere cavalleresco sia di quello picaresco, pur non essendo identificabile in nessuno dei due. Nel Settecento, il romanzo diviene un genere letterario a tutti gli effetti, in grado di descrivere e rappresentare i vari aspetti della nuova realtà sociale borghese. E' di questo periodo, ad esempio, il romanzo *Robinson Crusoe* di Daniel Defoe. Nell'Ottocento il romanzo raggiunge la massima popolarità e, nel Novecento, diviene la più grande espressione narrativa, in quanto specchio dell'evoluzione del costume e delle trasformazioni sociali contemporanee.

Capitolo secondo
LE ORIGINI DELLE STRUTTURE NARRATIVE

Cosa accomuna Maometto, Mosè, Rambo, Re Artù, Perseo, Gesù, Achille, Ulisse, Harry Potter, lo zar Nicola II, Robin Hood e Zeus? Per rispettare le "quote rosa", a questo elenco prettamente maschile, si possono aggiungere Biancaneve, Giovanna d'Arco, Cleopatra, Nefertiti, Cenerentola, e perfino la principessa Leila Organa di *Star Wars*. Apparentemente, i personaggi sopra elencati, non hanno nulla a che vedere l'uno con l'altro. Eppure, grazie ad alcuni studi dedicati all'analisi del racconto, sono state individuate interessanti analogie fra le strutture narrative dei miti, delle fiabe e del racconto stesso. Ad esempio, nell'immagine si può visualizzare la sinossi[18] di *Star Wars*.

Harry Potter and the Philosopher's Stone.
~~Star Wars A New Hope; synopsis~~

Harry Potter
~~Luke Skywalker~~ is an orphan living with his uncle and aunt on the remote ~~wilderness of Tatooine~~ *suburbia*.
He is rescued from ~~aliens~~ *muggles* by wise, bearded ~~Ben Kenobi~~ *Hagrid*, who turns out to be a ~~Jedi Knight~~ *wizard*.
~~Ben~~ *Hagrid* reveals to ~~Luke~~ *Harry* that ~~Luke's~~ *Harry's* father was also a ~~Jedi Knight~~ *wizard*, and was the ~~best pilot~~ *Quidditch player* he had ever seen.
~~Luke~~ *Harry* is also instructed in how to use ~~the Jedi light-sabre~~ *a magic wand* as he too trains to become a ~~Jedi~~ *wizard*.
~~Luke~~ *Harry* has many adventures in the ~~galaxy~~ *Hogwarts* and makes new friends such as ~~Han Solo~~ *Ron* and ~~Princess Leia~~ *Hermione*.
In the course of these adventures he distinguishes himself as a top ~~X-wing pilot~~ *Quidditch seeker* in the battle of the ~~Death Star~~, making the ~~direct hit~~ *catch* that secures the ~~Rebels~~ *Gryffindor* victory against the forces of evil, *Slytherin*.
~~Luke~~ *Harry* also sees off the threat of ~~Darth Vader~~ *Lord Voldemort*, who we know murdered his ~~uncle and aunt~~ *parents*.
In the finale, ~~Luke~~ *Harry* and his new friends ~~receive medals of valour~~ *win the House Cup*.
All of this will be set to an orchestral score composed by John Williams.

---

18 Dall' Enciclopedia Treccani, sito web: http://www.treccani.it/vocabolario/sinossi/, Cinema: prima forma scritta molto sintetica dell'opera cinematografica, che permette di reperire i nodi principali del racconto.

43

Sostituendo i nomi dei personaggi con quelli di *Harry Potter e la Pietra Filosofale*, si può notare come, senza apportare modifiche all'intreccio, il passaggio da una storia all'altra risulti visibilmente semplice. Ciò vuol dire che Harry Potter, altro non è che una semplice copia? No. Vuol dire che, le due storie, sono state costruite secondo il medesimo schema.

Alla base, vi sono origini antichissime di schematizzazione della narrazione, rintracciabile nel "modello in tre atti", che si presenta così costituito: I atto: inizio - II atto: sviluppo - III atto: finale. Si tratta di una sequenza tripartita costante, valida dal tempo di Aristotele e delle tragedie greche. Aristotele, infatti, nella Poetica scrive: "un tutto è ciò che ha principio e mezzo e fine" criterio tipico, in fondo, del rapportarsi umano agli eventi. Non a caso, nel mito di Edipo re, la Sfinge fa riferimento ai tre stadi della vita: infanzia, maturità, vecchiaia. Il modello narrativo in tre atti, sembra dunque logico, naturale e rappresenta un punto di riferimento per qualsiasi narratore, di qualsiasi tempo.

2.1 Otto Rank e Lord Raglan

Nel 1909 la pubblicazione del saggio di Otto Rank "Il mito della nascita dell'eroe"[19] (nota sitografica-) attirò l'attenzione sulle similarità di molte leggende sulla vita di eroi e fondatori di religioni sorte nell'ambito di contesti culturali differenti. Poiché, queste, sembravano essersi sviluppate autonomamente, la loro somiglianza avviò una riflessione sulla possibilità che esse si riferissero a qualche verità psicologica universale. Rank, nel sottolineare le analogie fra leggende e fiabe di popoli diversi, si rese conto che, in esse, si potevano riscontrare motivi ricorrenti, quali: il matrimonio con una principessa, la nascita da una vergine, la persecuzione durante l'infanzia, l'affidamento a genitori adottivi, il viaggio nell'aldilà e via dicendo. Gli eroi, inoltre, sono accomunati da alcune peculiarità. La prima, fondamentale, riguarda la nascita: l'eroe non conosce i suoi genitori e spesso è cresciuto da genitori adottivi. Gli eroi, divengono difensori dei valori sociali quasi controvoglia, guidati da una successione di eventi, più che da una vera e propria scelta.

Odisseo, ad esempio, aveva scelto una vita sedentaria per dedicarsi alla famiglia e all'amministrazione della sua isola, quando fu coinvolto nella guerra di Troia. Achille, allo stesso modo, fu trascinato nel conflitto dal fato e non dal desiderio di gloria e onori. Tale argomento, era già stato ampiamente discusso tra gli studiosi; lo schema del "monomito", era stato delineato per la prima volta dall'antropologo inglese Edward Taylor nel 1871.

Ulteriori elementi comuni alle leggende degli eroi furono, in seguito, osservati da Lord Raglan. Il suo lavoro, si differenziava da quello dei suoi

---

19   http://www.archive.org/stream/ITA_4_Rank_1921_Il_Mito_k/ITA_4_Rank_1921_
Il_Mito_k_djvu.txt

45

contemporanei, interessati alla ricerca di un percorso psicologico dell'archetipico eroe. Lord Raglan era piuttosto attirato dall'elencare i temi frequenti, senza svilupparli in una qualche sorta di tematica morale. Nel suo libro "L'Eroe: Uno Studio di Tradizione, Mito e Dramma" (1936), stilò 22 caratteristiche tra le più ricorrenti:

1. La madre dell'eroe è una vergine di sangue reale
2. Suo padre è un re
3. Spesso suo padre è anche un parente stretto della madre
4. Le circostanze del suo concepimento sono insolite
5. Egli è anche ritenuto figlio di una divinità
6. Alla nascita si tenta di ucciderlo
7. L'eroe viene allontanato dal pericolo da un intervento soprannaturale
8. Viene allevato da genitori adottivi in un paese lontano
9. Non si sa nulla della sua infanzia
10. Raggiunta l'età adulta l'eroe ritorna o giunge per la prima volta nel suo futuro regno
11. Sconfigge il re e/o un gigante, un drago o una belva feroce
12. L'eroe sposa una principessa, spesso figlia del suo predecessore
13. Diventa re
14. Per un certo periodo egli regna senza che accada nulla di particolare
15. Promulga leggi
16. In seguito perde il favore degli dei e/o dei suoi sudditi
17. Viene scacciato dal trono e dalla città
18. Muore in modo misterioso o inusuale
19. Spesso muore in cima a una collina
20. I suoi figli, se ne ha, non gli succedono sul trono

21. Il suo corpo rimane insepolto

22. Tuttavia vi sono uno o più luoghi dove si venera il suo sepolcro

Sembra incredibile poter ridurre millenni di miti, religioni e leggende a 22 soli punti, ma l'aderenza ad essi di molte narrazioni è fin troppo marcata per risultare semplicemente casuale. Lo studioso russo R.M. Volkov notò, fra gli altri punti comuni alle tradizioni mitico-favolistiche dei popoli, la presenza costante di draghi, il verificarsi di piccoli fallimenti durante un'avventura (riscattati dall'esito finale), l'importanza di oggetti misteriosi (talismani) e forze metafisiche (incantesimi). Non si tratta di magia, ma del profondo linguaggio della psiche e dell'anima.

2.2 Vladimir Propp: Morfologia della Fiaba

Morfologia della Fiaba, dell'antropologo russo Vladimir Jakovlevic Propp, pubblicata nel 1928 a Leningrado, costituisce l'opera più importante dedicata alla struttura del racconto fiabesco.

Propp codifica le numerose prove da superare e i molti enigmi da risolvere, ponendo al centro delle sue ricerche, la fiaba popolare. Egli individua nelle cosiddette "funzioni" gli elementi che restano costanti pur nel variare delle azioni, dei personaggi, degli episodi, degli intrecci, dei motivi e del loro mutevole combinarsi in tipi diversi.

Propp è giunto a formulare tre principi:

1. gli elementi costanti, stabili della fiaba sono le funzioni dei personaggi, indipendentemente dall'esecutore e dal modo dell'esecuzione;

2. il numero delle funzioni che compaiono nelle fiabe è limitato;
3. la successione delle funzioni è sempre identica;

Con il seguente schema generico:

1. Equilibrio iniziale (esordio);
2. Rottura dell'equilibrio iniziale (movente o complicazione);
3. Peripezie dell'eroe;
4. Ristabilimento dell'equilibrio (conclusione).

E otto categorie di personaggi-tipo:

1. Eroe: protagonista che, dopo aver compiuto un'impresa, trionferà
2. Antagonista: oppositore dell'eroe
3. Falso eroe o antieroe: chi si sostituisce all'eroe con l'inganno
4. Mandante: chi spinge l'eroe a partire per la sua missione
5. Mentore: il personaggio che guida l'eroe o gli fornisce un oggetto magico
6. Aiutante: colui che aiuta l'eroe a portare a termine la missione
7. Sovrano: colui che affida gli incarichi all'eroe, amico o oppositore
8. Principessa: premio finale per l'eroe

Nel sistema di Propp, le funzioni sono trentuno ed esse bastano, con le loro varianti ed articolazioni interne, a descrivere la forma delle fiabe: Allontanamento: un personaggio della fiaba si allontana da casa per un particolare motivo (guerra, affari, punizione, ecc.).

1. Divieto: all'eroe viene proibito di fare qualcosa, gli viene imposto un divieto.
2. Infrazione del divieto: l'eroe non rispetta la proibizione, trasgredisce il divieto che gli era stato imposto.

3. Investigazione: l'antagonista cerca elementi utili per combattere l'eroe.

4. Delazione: l'antagonista riceve da qualcuno informazioni che gli servono per danneggiare l'eroe.

5. Tranello: l'antagonista cerca di ingannare la vittima per impossessarsi dei suoi beni o di lei stessa.

6. Connivenza: la vittima si lascia convincere e cade nel tranello.

7. Danneggiamento: l'antagonista riesce a recare danno a un familiare dell'eroe o ad un suo amico. Oppure mancanza: a uno dei familiari o degli amici manca qualcosa o viene desiderio di qualcosa.

8. Maledizione:l'eroe viene incaricato di rimediare alla mancanza o al danneggiamento.

9. Consenso dell'eroe: l'eroe accetta l'incarico.

10. Partenza dell'eroe: l'eroe parte per compiere la sua missione.

11. L'eroe messo alla prova dal donatore: deve superare prove e incarichi in cambio della promessa di un dono che lo aiuterà nell'impresa.

12. Superamento delle prove (reazione dell'eroe): l'eroe affronta le prove e le supera.

13. Fornitura del mezzo magico: l'eroe si impadronisce del mezzo magico.

14. Trasferimento dell'eroe: l'eroe giunge, o viene condotto, nel luogo in cui dovrà compiere l'impresa.

15. Lotta tra eroe e antagonista: l'eroe si batte contro il suo avversario.

16. L'eroe marchiato: all'eroe è imposto un segno particolare, cioè un marchio (può trattarsi anche di un oggetto).

17. Vittoria sull'antagonista: l'antagonista è vinto.

18. Rimozione della sciagura o mancanza iniziale: l'eroe raggiunge lo scopo per cui si era messo in viaggio.

19. Ritorno dell'eroe: l'eroe torna nel luogo da cui era partito.

Persecuzione dell'eroe: l'eroe viene perseguitato o inseguito.

20. L'eroe si salva: l'eroe sopravvive alla persecuzione o all'inseguimento.

21. L'eroe arriva in incognito a casa: l'eroe arriva al punto di partenza senza farsi riconoscere.

22. Pretese del falso eroe: un antagonista (falso eroe) cerca di prendere il posto dell'eroe.

23. All'eroe è imposto un compito difficile: all'eroe è imposta un'ulteriore prova di bravura.

24. Esecuzione del compito: la prova viene superata.

25. Riconoscimento dell'eroe: l'eroe viene finalmente riconosciuto.

26. Smascheramento del falso eroe o dell'antagonista: gli impostori vengono riconosciuti.

27. Trasformazione dell'eroe: l'eroe si trasforma, assume un nuovo aspetto (da animale si trasforma in uomo, da brutto diventa bellissimo, ecc.).

28. Punizione dell'antagonista: l'antagonista riceve il giusto castigo.

29. Lieto finale: l'eroe ottiene il meritato premio (si sposa, ritrova i suoi cari, si libera da un incantesimo, ecc.).

Non sempre tutte le funzioni sono riscontrabili nel medesimo testo, tuttavia esse ne tracciano l'andamento narrativo essenziale, cadenzato da alcune tematiche fisse: l'allontanamento dell'eroe da casa, le successive difficoltà affrontate per superare gli inganni dell'antagonista, al fine di raggiungere il premio, che spesso consiste nozze con la figlia del re, ottenuto grazie al proprio coraggio, ma anche all'aiuto di un donatore che gli regala un mezzo magico.

Propp non si accontenta di un'analisi formale, nel 1946 pubblica *Le radici storiche dei racconti di fate*, dove dimostra come le fiabe conservino un nucleo antichissimo che deriva dai rituali di iniziazione alla vita adulta. Per questo motivo, sostiene l'autore, le fiabe si assomigliano in tutto il mondo e in tutte le epoche: testimoniano il tempo arcaico delle comunità di cacciatori, prima della pastorizia e dell'agricoltura. I rituali primitivi, prevedevano la separazione dei ragazzi dalla famiglia, la loro relegazione in un bosco isolato, il superamento di prove approntate da mostruosi stregoni. I sopravvissuti a queste prove avrebbero ascoltato i miti e le leggende della tribù prima di ricevere le armi. Diventati adulti, avrebbero così potuto fare ritorno al villaggio dove li aspettavano festeggiamenti uniti, spesso, alla celebrazione delle nozze. Il nucleo di questi riti che abitano nell'oscurità della storia resiste nel tempo e lo si ritrova intatto con tutte le varianti possibili in *Pollicino*, in *Biancaneve*, in *Cenerentola* e negli altri racconti che ben conosciamo.

2.3 Joseph Campbell: l'eroe dai mille volti

Secondo lo studioso di mitologia comparata Joseph Campbell, all'origine della tipologia dei personaggi e della struttura narrativa di una qualsiasi storia starebbero proprio gli stessi archetipi che fondano i miti ancestrali. Campbell sostiene nel suo *"L'Eroe dai Mille Volti"* che diversi miti, provenienti da diverse regioni del mondo e diverse epoche storiche, condividono la stessa struttura narrativa. Una successione di eventi ed episodi che si ritrova invariata in ogni storia o leggenda di sapore iniziatico.

Campbell chiama questa struttura narrativa "monomito" e la scompone in 17 passi fondamentali.

Inoltre, individua una struttura di base a sostegno del *monomito*, caratterizzata da tre fasi: Separazione – Iniziazione – Ritorno. Ognuna di queste fasi ha, al suo interno, infinite varianti e componenti. Ad esempio, nella prima fase, spesso, l'eroe rifiuta la chiamata iniziatica e la separazione. Afflitto da tentennamenti, l'eroe si incrocia con una figura indispensabile (Campbell la definisce il "Guardiano di Soglia") che offre all'eroe una guida morale e spirituale. L'iniziazione è la fase dolorosa, con spesso la morte dell'eroe, la prova (l'eroe è divorato dal mostro, l'eroe combatte il mostro, l'eroe è smembrato, l'eroe patisce), con un immancabile oracolo che preannuncia tutto ciò, o con l'incontro con una Dea o con la donna perfetta di cui si innamora. Il ritorno, dopo l'apoteosi dell'eroe e la riconciliazione con il padre, è caratterizzato da una nuova forma di vita, quasi divinizzata, sacra, piena e ricca, responsabile, libera.

Il lavoro di Campbell ha avuto una grande influenza nella narrativa moderna. Il suo ammiratore più celebre è probabilmente George Lucas, amico e studioso di Campbell, che, in più di una occasione ha affermato quanto la sceneggiatura di *Star Wars* segua fedelmente le orme de *"L'Eroe dai Mille Volti"*. Altri esempi in cui si ritrova il medesimo schema sono: *Matrix*, i libri di *Harry Potter* di J. K. Rowling, *Il Re Leone* della Disney, la serie di *Indiana Jones* e numerosi altri film, romanzi, fumetti. In alcuni casi, gli autori, riconoscono di aver seguito consapevolmente lo schema di Campbell, in altri hanno seguito gli stessi schemi archetipali che lui ha analizzato per sintetizzare i passaggi del monomito[20].

---

20 A. Fontana, Storyselling: Strategie del racconto per vedere se stessi, i prodotti, la propria azienda, Rizzoli Etas, 2010

2.4 Christopher Vogler: il Viaggio dell'Eroe

L'analisi della struttura narrativa sviluppata da Propp viene ancor più arricchita dallo sceneggiatore disneyano Christopher Vogler. Egli, appassionatosi agli studi di Campbell, approfondisce gli studi sulla struttura narrativa del mito, ad uso di scrittori di narrativa e cinema. Nel 1985, pubblica *Il Viaggio dell'Eroe* in cui, Vogler, riassume le considerazioni teoriche di Campbell, riducendole a dodici punti:

23. Mondo ordinario: all'eroe si presenta una sfida;

24. Richiamo all'avventura: la sfida stabilisce l'obiettivo e il percorso da prendere;

25. Rifiuto del richiamo: l'eroe è riluttante, timoroso di intraprendere il viaggio. Entra in gioco un consigliere saggio, un maestro o una guida;

26. Incontro col Mentore: figura di cui ha bisogno l'eroe per mettersi in viaggio;

27. Varco della prima soglia: l'eroe accetta la sfida. (Fine primo atto);

28. Prove, nemici, alleati;

29. Avvicinamento alla caverna più recondita (seconda soglia);

30. Prova centrale: in genere c'è un rovescio di fortuna, temporaneo, che mette suspance;

31. Ricompensa: l'eroe, sopravvissuto, "festeggia" (Fine secondo atto);

32. Via del ritorno: bisogno del ritorno, ma trasformato;

33. Resurrezione (terza soglia-climax): non è la prova più grande, ma la definitiva.

34. Ritorno con l'elisir: l'eroe torna rinato, l'avventura lo ha trasformato o ha cambiato i suoi affetti, rafforzato le sue qualità o le ha arricchite. (Fine terzo atto).

Questo schema narrativo a tappe si può applicare ai drammi, alle commedie, ai romanzi, o ai film. I personaggi delle favole altro non sono che prototipi delle forze dell'anima e delle fasi di sviluppo, afferma Rudolf Meyer nel suo libro dedicato alla saggezza spirituale contenuta nelle fiabe[21], affermazione che può essere altrettanto valida per i miti e le leggende. Così l'eterna tradizione dei miti e dei racconti ha trovato una strada per continuare ad arrivare alle anime umane.

---

21 Wilhelm Grimm: «In ogni fiaba troviamo un residuo di una credenza che risale a tempi antichissimi e che parla di eventi sovrasensibili trasmessi in forma immaginativa [...] Il loro significato è andato perduto da tempo ma può essere ancora avvertito» cit. in Rudolf Meyer in *The Wisdom in Fairy Tales,* Floris, 1988.

Capitolo Terzo
DAL TESTO ALL'IPERTESTO

"All'improvviso tutti parlano di ipertesti. Si sente questa parola dovunque. A una conferenza, nel marzo 1987 l'ho sentita nove volte attraversando il salone dell'albergo. Allo stesso modo nell'area che potremmo chiamare 'il mondo dello spettacolo interattivo' (dove sfornano videodischi con percorsi alternativi e altre produzioni alternative) la parola del giorno sembra essere 'ipermedia'".

Theodor Holm Nelson, *Literary Machine 90.1*, Franco Muzzio Editore, Padova, 1992, p.2

La scrittura favorisce una conoscenza per astrazione. In questo secolo, prima con la radio, poi con la televisione, si sono imposti media audiovisivi di massa che hanno promosso un nuovo tipo di oralità detta secondaria perché mediata dalla tecnologia; questa come quella primaria, favorisce una conoscenza per partecipazione. Negli anni Ottanta, con l'avvento del PC, si è imposto un nuovo media: il computer, che sembra attuare una mediazione tra questi due tipi di cultura e di conoscenza, tra i libri e la televisione. Nonostante il nome, il computer non ha necessariamente a che fare con i numeri:è infatti in grado di rappresentare qualsiasi tipo di informazione, testuale, visuale, sonora, mediante una sequenza di numeri binari. La crescita della potenza di calcolo e della capacità di memoria ha evidenziato la possibilità di rappresentare in forma digitale immagini complesse, film e sequenze audio: tutto può essere digitalizzato e memorizzato su supporti magnetici o ottici (CD-ROM). Nasce

55

così la multimedialità, cioè l'integrazione mediante il computer di testi, immagini, statiche e animate, e suoni. In questo nuovo contesto deve essere ripensato il ruolo della scrittura, già rivoluzionata dal *desktop publishing*, la pubblicazione cioè di testi stampati tramite PC. Il primo PC, della Apple, era venduto insieme a stampanti a basso prezzo. Questo abbinamento di computer e stampanti, insieme al progressivo miglioramento della qualità di stampa, ha reso possibile a tutti i proprietari di PC la stampa di testi, paragonabili a quella di un editore. La facoltà di stampa un tempo riservata alle tipografie, si è estesa e democratizzata e, grazie al PC, i suoi costi si sono notevolmente ridotti: un vantaggi questo di cui hanno beneficiato anche gli editori. Il computer ben lontano di essere nemico del libro, ha aumentato a dismisura la quantità di carta stampata in circolazione. Il collegamento degli operatori elettronici in un'unica rete mondiale, Internet, ha incoraggiato nuove forme di produzione e fruizione dei testi: l'e-mail, la cosiddetta posta elettronica, ha riportato in auge, in modo nuovo, un particolare genere di scrittura, quello epistolare, entrato in crisi non solo per colpa delle poste italiane. Il carattere istantaneo della posta elettronica, che consente di scambiare testi in pochi minuti e a basso costo da un capo all'altro del mondo, ha importanti effetti cognitivi. In primo luogo, velocizza i tempi di compilazione e lettura, incoraggia una particolare forma di "scrittura orale", particolarmente concisa ed essenziale, a metà tra lettera e conversazione telefonica, una scrittura dialogica. In secondo luogo, rendendo insignificante la distanza spaziale, promuove nuove forme di aggregazione umana, vere e proprie comunità virtuali: le *mailing list*, liste d'indirizzi email costituite in base ad interessi comuni, consentono di raggiungere, con un unico indirizzo, più destinatari sparsi per il mondo.

3.1 La nascita dell'ipertesto

L'ipertesto ha origini molto più antiche di quanto si possa immaginare. Prima dell'invenzione del computer, infatti, poeti e scrittori sognavano un testo completamente aperto che il lettore potesse leggere e riscrivere in innumerevoli modi. Nel Cinquecento, Agostino Ramelli[22], ingegnere presso la corte del re Enrico III di Francia, tra i tanti fantasiosi progetti, ideò la ruota dei libri: un leggio multiplo rotante, ideato per consentire l'agevole lettura contemporanea di più testi. Esso, permetteva la disposizione di più libri, mantenuti orizzontali da rotismi e il passaggio dall'uno all'altro tramite la pressione di un pedale; nel 1603 a Verona viene stampato *Il nobile et il piacevole gioco, intitolato il passatempo*, non si tratta, in realtà, di un racconto ma di un gioco di prestigio ad immagini. Presenta 74 immagini distribuite in modo disordinato su 21 tavole. Su ogni tavola compaiono 52 figure, per un totale di 1092 disegni. Il libro veniva usato nelle corti italiane per presentare un singolare gioco di prestigio: una persona era invitata a scegliere mentalmente una figura e indicare il riquadro in cui compariva; al fondo di ogni riquadro compariva il rimando a un'altra pagina, dando vita a un percorso di lettura non lineare che consentiva a chi ne conosceva il segreto di indovinare la figura pensata[23]; nel 1929, il regista sovietico Sergej Éjzenštejn, immagina di realizzare un libro sferico per la volontà di sperimentare in modo inedito l'efficacia del principio del montaggio cinematografico racchiudendo i suoi saggi in un unico volume in modo tale che fossero percepiti tutti insieme simultaneamente. Un utopico libro-montaggio che ripercorre l'interminabile ricerca di Ejzenštejn sul senso e sulle possibilità del montaggio

---

22 Da Wikipedia: http://it.wikipedia.org/wiki/Agostino_Ramelli
23 La versione multimediale dell'opera è consultabile online all'indirizzo:
    http://www.marianotomatis.it/passatempo.php

inteso, da un lato, come un procedimento compositivo in grado di produrre opere d'arte efficaci e capace di agire efficacemente sullo spettatore, e, dall'altro, come un principio presente in maniera diffusa e stratificata nella storia delle culture, disseminato in forme temporalmente e spazialmente eterogenee tra loro, attraverso il costante rimando alle tre forme espressive con cui Ejzenštejn si confronta nel corso di tutta la sua vita: la regia, il disegno, la scrittura[24]. Lo scrittore, matematico e drammaturgo francese Raymond Queneau, inventò un algoritmo grazie al quale era possibile comporre, da un limitato set di linee, bilioni di poesie. Pubblica nel 1947 *Esercizi di stile*, una stessa trama raccontata in novantanove modi diversi, ognuno in un diverso stile di narrazione. La trama è semplice e banale: verso mezzogiorno, su un autobus affollato, un uomo si lamenta con chi lo spinge di continuo e, appena trovato un posto libero, lo occupa. Il narratore, due ore dopo, lo rivede da un'altra parte con un amico, che gli dice di far mettere un bottone sulla sciancratura del soprabito. Più che l'inesistente trama sono le novantanove varianti stilistiche ad interessare il lettore: ci sono quelle puramente enigmistiche, quelle retoriche, quelle con i linguaggi settoriali e le varianti di tipi testuali[25]. Negli anni Sessanta Max Saporta scrisse e pubblicò una novella a "fogli mobili" le cui pagine potevano essere spostate così da comporre storie diverse; Nanni Balestrini memorizzò nei primi computer una lista sconnessa di versi che la macchina accorpò in modi

---

24 Sull'idea di libro sferico: Sergej Ėjzenstejn - drei Utopien. *Architekturentwürfe zur Filmtheorie*, PotemkinPress, Berlin 1996 p.31 sgg; Ėjzenstejn, *the Glass House and the Spherical Book*. From the Comedy of the Eye to a Drama of Enlightenment. "Rouge",   7,   2005,   disponibile   online   all'indirizzo: http://www.rouge.com.au/7/eisenstein.html

25 R. Queneau, *Esercizi di Stile*, a cura di Stefano Bartezzaghi, Tr. e Introduzione di Umberto Eco, Einaudi, 2008, disponibile online all'indirizzo: http://homes.di.unimi.it/~pasteris/progettoMM/doc/Queneau_ridotto.pdf

diversi così da comporre poesie differenti. La poesia, intitolata *Tape Mark* fu realizzata con un calcolatore IBM nel 1961.

L'ipertesto è scaturito da numerose influenze: letterarie, filosofiche, tecnologiche, da esperienze o esperimenti apparentemente scollegati tra loro, che hanno collaborato alla realizzazione di un sistema software legato ad un ambiente concettuale e psicologico: la virtualità.

3.1.1 Vannever Bush: il Memex

Theodor Holm Nelson nel testo da lui scritto e pubblicato Literary Machines 90.1, trattando della lettura e della scrittura con il computer e dell'universo che si crea intorno a questo nuovo spazio, sostiene che fu Vannevar Bush ad affrontare l'argomento nel 1945 con il *Memex*. Sebbene il termine "ipertesto" sia stato coniato da Nelson, qualsiasi sua storia inizia con Vannevar Bush e con la nozione di "memory extension" apparsa per la prima volta nell'articolo "As We May Think"[26]. L'importanza di questo articolo sono da imputarsi ad ad alcune specifiche caratteristiche, tratteggiate per la prima volta e portate avanti dai "padri dell'ipertesto" in una sorta di scrittura collaborativa. Con il *Memex* si introducono:

1. l'idea della connessione di due elementi (o lessie) e dell'inserimento di ogni singolo elemento in più percorsi (piste)

2. la possibilità di creare un collegamento (un nodo, un link) fra elementi distinti;

3. la capacità di creare e conservare i collegamenti realizzati;

4. la personalizzazione del percorso di ricerca e di lettura;

---

26 V. Bush (1945), *As We May Think*, Athlantic Monthly, n.176 pp.101-108, disponibile online all'indirizzo: http://www.theatlantic.com/magazine/archive/1945/07/as-we-may-think/303881/

In "As We May Think" Bush si chiede come si possa fruire di dati e informazioni attraverso un supporto meccanico che lavori per associazione come la mente umana. La difficoltà di consultazione degli archivi è per Bush da imputarsi ai sistemi di indicizzazione utilizzati poiché, quando dei dati di qualunque tipo vengono immagazzinati, la loro archiviazione avviene o alfabeticamente o numericamente; per ritrovare queste informazioni è poi necessario ricercarle "di sottoclasse in sottoclasse". I limiti della ricerca delle informazioni negli archivi, secondo Bush, dipendono dalle difficoltà di possedere e utilizzare delle regole nella scelta del percorso da seguire per rinvenire i dati e dall'obbligo di dover uscire dal sistema e poi di doverci rientrare per un percorso differente qualora si voglia continuare la ricerca dopo il primo risultato ottenuto. Il cammino descritto è opposto a come in realtà funziona la mente umana, che non opera attraverso un processo di indicizzazione ma di associazione.

"Una volta che essa abbia un elemento a disposizione, salta istantaneamente all'elemento suggerito, in base ad un intrico di piste registrate nelle cellule del cervello, dalla associazione dei pensieri"[27]. Con il concetto di "piste", quali forme di collegamento tra un blocco di testo e l'altro, si fa avanti l'idea della multilinearità dell'ipertesto e dell'esigenza di realizzare percorsi di lettura diversi e individuali all'interno di una serie di dati e informazioni[28]. Una struttura di questo tipo, per uso individuale, che sia a un tempo archivio e biblioteca, ha bisogno di un nome: *Memex*.

"Un Memex è un apparecchio nel quale un individuo registra i propri libri, il proprio archivio e le proprie comunicazioni personali e che piò essere consultato con eccezionale velocità e versatilità. È un'estensione privata della sua

---

27 Ivi pp. 1-49
28 M. Lana, *Il testo nel computer. Dal web all'analisi dei testi*, Bollati Boringhieri, Torino 2004

memoria. Un Memex consiste in una scrivania, e per quanto sia ragionevole pensare di azionarlo a distanza, esso è principalmente il suo posto di lavoro. Sulla scrivania ci sono schermi translucidi obliqui sui quali si può proiettare del materiale per una comoda lettura. C'è una tastiera e gruppi di bottoni e leve. Per tutto il resto è come una normale scrivania"[29]

Il *Memex*[30] si compone di due parti, una adibita al suo funzionamento e l'altra occupata dalle apparecchiature utilizzate per il suo funzionamento; il materiale viene inserito al suo interno attraverso dei microfilm siano essi riproduzioni di libri, disegni, periodici o giornali. Esso è dotato anche di un sistema di inserimento diretto, oggi diremmo di un sistema di scansione. Il fruitore può infatti porre un documento nella parte superiore della macchina dove si trova una piastra trasparente; una volta posto sopra il documento, azionando una leva, mediante l'uso della fotografia a secco[31], esso viene impresso nella prima porzione di pellicola disponibile. Così concepito, il *Memex* è uno strumento per il lavoro intellettuale individuale che permette la gestione dell'informazione, antesignano dei recenti sistemi di *knowledge management*[32]. *Memex* è il risultato di ricerche svolte tra il 1920 e il 1940 al MIT in connessione con lo sviluppo delle tecnologie di costruzione del computer analogico. Nel 1945 la ricerca sui computer digitali era già ad uno stadio abbastanza avanzato. Le funzioni che Bush aveva immaginato per il *Memex* stavano diventando di dominio comune ma con una tecnologia completamente innovativa.

---

29 Ibidem
30 Simulazione del funzionamento del Memex, da YouTube:
    http://www.youtube.com/watch?v=c539cK58ees
31 Storia della fotografia, disponibile online all'indirizzo
    http://www.storiadellafotografia.it/2009/11/25/le-lastre-al-collodio-secco/
32 Da Wikipedia: http://it.wikipedia.org/wiki/Knowledge_management

Tuttavia il passo verso la struttura non sequenziale è ancora all'inizio, poiché nel *Memex* è presente una logica di funzionamento che è ipertestuale, in quanto la macchina è in grado di reperire nella sua libreria di microfilm i fotogrammi distinti con una medesima sequenza di segni e simboli, ma proprio perché l'informazione viaggia su nastri di pellicola fotografica non è possibile nessuna lettura non sequenziale e i fotogrammi rimangono unità di informazioni distinte[33].

33 M. Lana, *Il testo nel computer. Dal web all'analisi dei testi*, Bollati Boringhieri, Torino 2004

3.1.2 Ted Nelson: Xanadu

La storia dell'ipertesto è strettamente correlata alla vita e alle esperienze dei suoi creatori; muove dalle esigenze di sviluppare nuovi percorsi di lettura, di condividere informazioni. La biografia di Ted Nelson è un chiaro esempio di quanto detto. Fin dal liceo i suoi eroi furono Richard Buckminster Fuller[34], Bertrand Russel[35], Henry Louis Mencken[36], Walt Disney e Orson Welles. Poco interessato alle lezioni tradizionali, non si dimostrò uno scolaro eccellente durante il periodo scolastico obbligatorio. La sua formazione, come lui stesso ammise, si svolse nelle biblioteche. Provò una profonda avversione verso le categorizzazioni semplicistiche operate dalla gente e verso gli argomenti esposti in maniera frammentaria durante le lezioni e nei programmi scolastici. Ted Nelson si ritirò dalla seconda media per poi ritornare a scuola per gli studi liceali e universitari. Durante il liceo iniziò a sentire il problema dell'organizzazione degli appunti e della necessità che un concetto, un argomento potessero stare contemporaneamente in più posti nello stesso tempo. Provò scrivendo delle schede e poi ritagliandole e sovrapponendole, ma niente sembrava risolvere il problema; poi sentì la pubblicità di una copiatrice che avrebbe fatto una copia per un nichelino. Era l'autunno del 1953, girò tutta Manhattan per trovarla ma la prima copiatrice sarebbe apparsa solo 10 anni dopo (la Xerox). Nelson sostiene che gli fu chiaro fin da allora il fatto di essersi votato a sistemi di scrittura che non erano ancora disponibili. Poi nel 1960, al secondo anno di università, seguì

---

34 Richard Buckminster Fuller, Biografia da Wikipedia:
    http://it.wikipedia.org/wiki/Richard_Buckminster_Fuller
35 Bertrand Russel, biografia da Wikipedia:
    http://it.wikipedia.org/wiki/Bertrand_Russell
36 Henry Louis Mencken, biografia da Wikipedia:
    http://it.wikipedia.org/wiki/Henry_Louis_Mencken

un corso di computer e, dovendo cimentarsi in un progetto per il semestre, decise di lavorare ad un sistema di scrittura per un IBM 7090. L'idea progettuale doveva svilupparsi su più fronti: da un lato, riuscire ad immagazzinare più manoscritti in un computer, editarli e poi stamparli, ma soprattutto permettere all'utente di apportare modifiche ai testi e di comparare possibili alternative, ovvero mostrare a chi scrive contemporaneamente due versioni di qualsiasi cosa fianco a fianco, permettendone la scelta. Nelson non riuscì a completare il progetto in tempo (il *Progetto Xanadu – la Literary Machines –* è ancora oggi incompiuto) e si laureò senza lode ammettendo che "come molti informatici alle prime armi, avevo scambiato la vicinanza dell'immagine per la nitidezza della visione"[37]. Il tarlo di Nelson è rappresentato dalla necessità di trovare un'alternativa alla scrittura sequenziale derivante a suo parere dalla sequenzialità del linguaggio, della stampa e della rilegatura. Da questa impostazione discende la sequenzialità del testo scritto, ma a parere di Nelson la scrittura non sequenziale non solo può esistere ma può avere forme diverse. Si pensi alle prime pagine dei quotidiani con gli articoli che continuano nelle pagine interne; con il passaggio dalla carta agli schermi del computer tutte le forme di espressione non sequenziale sarebbero diventate sempre più possibili. Da questa concezione si arriva alla definizione di ipertesto secondo Nelson:

> [...] per ipertesto intendo semplicemente la scrittura non sequenziale. La composizione di una rivista con brani sequenziali, figure inserite e riquadri è quindi un ipertesto. [...] I computer non sono intrinsecamente coinvolti nel concetto di ipertesto. Ma i computer saranno coinvolti, in ogni modo e in sistemi di ogni tipo con l'ipertesto[38].

È da questa necessità di creare un sistema di editoria ipertestuale che muove il progetto *Xanadu*. Nelson scelse questo nome perché gli sembrò perfetto

---

37 T.H. Nelson, *Literary Machine 90.1, il progetto Xanadu*, Muzzio, Padova, 1992, p.26
38 *Ivi* p. 17

per un posto magico di memoria letteraria. *Xanadu* era il regno ubicato sulla costa dell'Asia, dove Kubla Kan, protagonista di una novella di Samuel Taylor Coleridge, si fece costruire un Padiglione dei Piaceri. *Xanadu* dava soluzione a molte delle necessità che Nelson aveva sviluppato durante la sua formazione scolastica. In una sorta di documento programmatico, lui stesso definisce il progetto *Xanadu* come:

"Un veicolo per la struttura reale dell'informazione, senza doverla tagliare né comprimere"[39]. Si tratta sostanzialmente di un sistema di registrazione di testi ma anche di film, disegni o altri documenti in forma elettronica. Il sistema è basato su un unico aggregato di dati che può essere non solo condiviso ma anche riorganizzato in maniera simultanea. Con l'archiviazione *xanalogica* l'utente di un testo può scrivere un brano, modificarlo tenendo traccia di quanto fatto e, attraverso sistemi di indicizzazione, ricostruire e richiamare in ogni istante la storia dell'opera in questione. La struttura e l'archiviazione sono qui considerate come una struttura in evoluzione. Tutte le modifiche effettuate su un documento vengono raccolte nel "docuplesso" che permette di scorrere ed esaminare tutte le versioni di un testo archiviato. Attraverso l'introduzione dei "collegamenti" ci si può muovere dentro i testi in quattro maniere differenti: all'interno della tipologia del documento si può scegliere di andare avanti e indietro nel testo, seguendo i collegamenti ipertestuali, viaggiando attraverso i vari strati delle finestre di un documento; oppure si può andare avanti e indietro nella storia del documento attraverso le parti corrispondenti di versioni alternative. Questi collegamenti creano un sistema di archiviazione definito *iperfile*. Nel sistema *Xanadu* e nella creazione di ipertesti i collegamenti sono fondamentali, così come determinanti sono i sistemi per tenerne traccia. Nelson ne individua vari tipi:

---

39   *Ivi* pp.2-3

- *Segnalibri*: è il più semplice tipo di collegamento che l'utente può creare con l'intento di ritrovare un punto preciso all'interno di un testo a una successiva lettura;

- *Collegamento-Salto*: possono essere creati attraverso degli asterischi per indicare che da quel punto in poi ci si vuole ritrovare da un'altra parte;

- *Note a margine o scritture parallele*: utilizzati quando si vuole creare un collegamento fra due brani; una volta stabiliti, quando ci si imbatterà in uno dei due testi e si chiederà di mostrare i collegamenti, appariranno i simboli di collegamento e i relativi testi agganciati;

- *Adesivi virtuali*: sono i "Post-It" utilizzati virtualmente con lo stesso scopo d'uso che hanno nelle scuole e negli uffici.

È su questa struttura di collegamenti che si basa l'ipertesto da cui deriva la possibilità di leggere e fruire documenti in maniera non sequenziale. Accanto alla necessità di sviluppare un sistema di lettura non sequenziale, affiora in Nelson, così com'è stato per Bush e sarà poi per Berners-Lee[40], l'esigenza della condivisione del materiale archiviato *xanalogicamente*. La soluzione risiede nei "documenti compositi" a "finestre". Si tratta di complesse strutture documentarie su più livelli, attraverso le quali si consente che altre persone apportino delle modifiche ai testi già immagazzinati. L'integrità del documento e la proprietà intellettuale vengono garantite poiché solo il proprietario del testo può modificarlo, tuttavia attraverso la logica delle finestre si permette ad altri utenti di creare dei documenti citando pezzi provenienti da un primo documento.

---

40 Informatico che svilupperà il World Wide Web, per maggiori infotmazioni:
http://it.wikipedia.org/wiki/Tim_Berners-Lee

Questo meccanismo di creazione di documenti compositi viene definito "finestra di citazione" o "collegamento di citazione". L'idea dell'editoria elettronica comporta inevitabilmente la ricerca di collegamenti in rete sia digitali che amatoriali: è qui in nuce il concetto di World Wide Web. Anche se i dati viaggiano su una specifica rete, i documenti e i loro collegamenti devono risiedere in un "complesso vorticoso di unità equi-accessibili, una sola universale griglia di testo e di dati o come lo chiamiamo, il *"docuverso"*[41].

Il *docuverso* racchiude quindi tutti i documenti *Xanadu,* che sono definiti come unità virtuali e non fisiche, che possono essere parzialmente o interamente assemblati attraverso altri documenti. Accanto quindi alla progettazione di tipo ingegneristico, Nelson propone l'ambiante cognitivo: il virtuale, che nel documento *Xanadu* può essere preso in considerazione su due livelli: la virtualità superiore e la virtualità inferiore. La virtualità superiore è al livello dell'utente: qui il documento *Xanadu* può avere un qualunque aspetto o forma, può essere sia un testo lineare che un ipertesto. Nell'ipertesto o negli *iperfilm,* i collegamenti possono far parte della virtualità dell'utente, ma può accadere che in altri documenti i collegamenti non siano visibili all'utente.

La virtualità inferiore è invece il livello logico interno: di qualunque natura siano i collegamenti visualizzati nel livello superiore, tutti vengono correlati a un livello di archiviazione logica che rappresenta dati finali e collegamenti. Questo è quindi il *"front-end"* di una struttura composta da un sistema di visualizzazione dati, da una rete all'interno della quale il *docuverso* viene richiamato e si dirama, da una virtualità che da essa scaturisce.

---

41   T. H. Nelson, *Literary Machine 90.1,il progetto Xanadu,* Muzzio, Padova, 1992, p. 49

3.1.3 Tim Berners-Lee: il World Wide Web

Quando Tim Berners-Lee iniziò a lavorare a uno dei primi programmi - *Enquire* – che avrebbe portato al World Wide Web, ciò che lo ispirò fu il titolo di un vecchio librone trovato a casa dei suoi genitori, l'antesignano delle nostre Pagine Gialle. La visione da cui mosse, fu quindi il titolo "Entrate pure per avere informazioni su ogni argomento": un portale su un universo di informazioni. Anche in questo caso, l'idea del Web, sembra essere scaturita da un crogiolo di esperienze. Barners-Lee racconta che un giorno tornando a casa dal liceo trovò il padre impegnato nella lettura di un libro sul cervello, alla ricerca di indizi su come creare un computer intuitivo in grado di realizzare collegamenti come il cervello biologico. Da allora questo pensiero e le poche chiacchiere scambiate a riguardo con il padre non lo lasciarono più. La domanda che Berners-Lee si pose non è molto differente da quella che Vannevar Bush porta avanti nell'articolo del 1945 "As We May Think" e che guidò Ted Nelson nel progetto *Xanadu*. Elementi futuribili di cui Tim venne a conoscenza e che studiò e, come lui stesso ammise, ebbero la fortuna di arrivare in un momento propizio, quando gli ipertesti e Internet erano già grandi e lui dovette semplicemente unirli. Il suo lavoro si svolse principalmente al CERN di Ginevra, affiancando agli incarichi ufficiali che gli venivano assegnati, lo sviluppo di *Enquire*. Il programma era composto da schede che contenevano informazioni, ogni pagina era rappresentata come un "nodo" nel programma e l'unica possibilità di implementare le informazioni, e quindi le schede, era di inserirle aprendo un collegamento da un nodo già esistente. Tutti i link da e per un nodo erano infine visualizzabili ai piedi della pagina, come le note a un testo, e l'unico modo per

68

trovare un'informazione era iniziare a sfogliare le schede dalla prima pagina.

Enquire era dotato di due tipi di link:

- uno interno che muove da una pagina o da un nodo all'altro ed è visualizzabile su entrambi i nodi ai quali è collegato;

- uno esterno che permette di saltare tra i vari file e procede in una sola direzione.

L'idea della connessione tra frammenti di informazione, portò Berners-Lee a puntare di più sulla struttura dei collegamenti fra le informazioni, e quindi sulle connessioni. Da qui nacque il programma *Tangle* ("intrico", "nodo"). Le informazioni sono immagazzinate dai computer come connessioni tra caratteri. *Tangle* era in grado, una volta che ricorreva una certa sequenza di caratteri, di creare un nodo in grado di rappresentarla. Quando tale connessione di caratteri riappariva, il programma semplicemente creava un rimando al nodo principale. Così facendo, man mano che altre frasi venivano assimilate come nodi e altri puntatori le indicavano nelle ricerche, esse si trasformavano in una serie di collegamenti. In seguito *Tangle* si dimostrò molto complicato e venne accantonato; restava però la necessità di condividere le informazioni che i gruppi di ricercatori del CERN utilizzavano su sistemi di supporto differenti. Tale problema sembrò trovare una soluzione nella scrittura di un programma RPC (*Remote Procedure Call*) grazie al quale un programma pensato per un modello di computer poteva essere reso compatibile con altri.

"Immaginai di combinare i link esterni di *Enquire* con l'ipertesto e con gli schemi di interconnessione che avevo sviluppato per RPC. Un programma *Enquire* capace di link esterni significava la differenza che passa tra la galera e la libertà, tra la notte e il giorno. In questo modo avrei potuto creare nuove reti per collegare computer distinti, e tutti i nuovi sistemi sarebbero stati in grado di andare verso gli altri. Per giunta, chiunque li stesse scorrendo avrebbe potuto aggiungere un nodo collegato tramite un nuovo link"[42].

La segnalazione dell'inserimento di un link ipertestuale all'interno di un documento sarebbe stata evidenziata attraverso la sottolineatura delle parole relative al link, in modo che non appena qualcuno avesse cliccato su una parola sottolineata il sistema lo avrebbe portato verso quel link. Ciò che mancava ora era un acronimo che potesse indicare in maniera inconfondibile questo processo: Berners-Lee scelse di iniziare ogni programma relativo a questo sistema con HT "hypertext". Bisognava però trovare un sistema per indicare un ipertesto globale. L'aiuto venne dalla matematica, dove per indicare un complesso di nodi e maglie in cui ogni nodo può essere collegato ad un altro si utilizza World Wide Web. Decise che la sigla www rispecchiava in pieno la natura distributiva delle persone e dei computer che il sistema poteva mettere in collegamento[43].

Quasi visionariamente si inizia a delineare lo spazio dell'informatica così per come noi oggi lo conosciamo. Tuttavia passare al World Wide Web non era così semplice: bisognava in qualche modo convincere gli utenti o gli altri ricercatori del CERN a utilizzare HT. La soluzione stava nell'URL (*Uniform Resource Locator*), ovvero nell'indirizzo che ogni documento possiede per essere ritrovato.

---

42 T. Berners Lee, tr. it. *L'architettura del nuovo Web*, Feltrinelli, Milano 2001, cit. p. 28
43 Ivi, p. 34

3.1.4 Dibattito sull'Ipertestualità

La fine degli anni Novanta è contrassegnata dallo spiegarsi di un vasto dibattito accademico sulle potenzialità e sui presunti effetti dell'ipertestualità che coinvolge studiosi di differenti discipline. Tale dibattito, però, non prende ancora in considerazione la simultanea espansione del Web come organismo ipertestuale globale e ciò contribuisce a rendere obsoleti gli stessi termini del dibattito nel corso del suo svolgersi. "Nel bene e nel male, oggi per noi il Web è l'ipertesto, nel senso che tutte le precedenti applicazioni ipertestuali sembrano, in confronto, sperimentali o provvisorie", afferma Jay David Bolter nella seconda edizione de *"Lo spazio dello scrivere"*. L'espansione della comunicazione in rete negli ultimi anni, ha portato all'ulteriore proliferazione di concrete forme di scrittura ipertestuale rispetto a quelle prese in considerazione da Bolter. Si potrebbe dire che il testo di Bolter apre gli studi sull'ipertestualità per poi chiuderli un decennio dopo con la sua riedizione. Bolter, inoltre, fa notare che "sembra, tuttavia, che il modo di espressione stia cambiando più rapidamente nella cultura popolare che nello studio delle forme culturali"[44]. Sembra, infatti, che gli anni Novanta abbiano costituito un crinale tra quella che Bolter denomina la tarda età della stampa e un'età caratterizzata dall'avvento del Web e che, proprio sul confine che separa e allo stesso tempo congiunge due differenti modalità di strutturazione della testualità, si siano generate le riflessioni degli studiosi sull'ipertesto. Oltre i confini, sostiene Alessandro Baricco nel saggio pubblicato a puntate sull'edizione online di Repubblica nel 2006[45], si estendono le "le terre

---

44 J. D. Bolter, *Lo spazio dello scrivere, Vita e pensiero*, Milano 1993, cit. p. 59
45 A. Baricco per Repubblica, disponibile online all'indirizzo:
    http://www.repubblica.it/2006/05/sezioni/spettacoli_e_cultura/baricco-barbari/baricco-barbari/baricco-barbari.html

dei barbari". Baricco, per introdurre il suo lavoro, inserisce una frase tratta da *La cultura dei vinti* di Wolfgang Schivelbush: "Il timore di essere sopraffatti e distrutti da orde barbariche è vecchio come la storia della civiltà. Immagini di desertificazione, di giardini saccheggiati da nomadi e di palazzi in sfacelo nei quali pascolano le greggi sono ricorrenti nella letteratura della decadenza dall'antichità fino ai giorni nostri". Che quella "mutazione epocale" discussa da Baricco lo sia realmente o meno, il dibattito sull'ipertestualità sembra catalizzare gli atteggiamenti di difesa o di esaltazione tipici delle età di transizione culturale. Gli autori che nel corso degli anni Novanta si occupano di ipertestualità, introducono i propri lavori proponendo una personale definizione di ipertesto o utilizzando definizioni classiche. In ogni caso, definendo l'ipertesto, viene effettuata una sorta di ricognizione preliminare del proprio oggetto di studio, ritenuta necessaria per poter accedere ad ogni argomentazione successiva.

Per Alberto Cadioli «tale consuetudine è destinata a cadere in disuso con il diffondersi della cultura digitale ma, al tempo stesso, ha la funzione di invitare proprio "sulla soglia" di studi dedicati alle nuove possibilità offerte dalla cultura, ad un cambio di percezione e di prospettiva, a prepararsi ad esperienze talvolta lontane da quelle sulle quali si sono fondate, per secoli, la scrittura, la lettura, la critica»[46]. Tipico di una fase di transizione culturale è anche l'uso di prefissi e suffissi che, secondo René Berger[47], modificano «il senso della radice in senso

---

46 A. Cadioli, *Il critico navigante*, Marietti 1998, cit. p. 66 - Alberto Cadioli è professore di Letteratura italiana contemporanea all'Università degli Studi di Milano. Si è occupato a lungo di editoria e di letteratura otto-novecentesca, con particolare riferimento ai problemi della lettura.
47 Filosofo e storico dell'arte svizzero definito un «teorico della tecnociviltà», nato il 29 aprile 1915. Berger era considerato uno dei massimi esperti mondiali in materia di comunicazione multimediale, reti informatizzate e di nuove tecnologie per l'arte. Berger aveva tra l'altro coniato per la televisione la definizione di «Nuovo Golem» dedicandole nel 1991 l'omonimo saggio pubblicato in Italia dalla Raffaello Cortina

proprio, quelle radici che ci legano al nostro passato»[48]. Il prefisso "iper" avrebbe in particolare il compito di "aprire tutte le grandi dimensioni di uno spazio nuovo" ovvero, secondo Franco Carlini, individuando "una dimensione multipla rispetto alla classica linearità"[49]. È utile sottolineare che, sebbene le accezioni di ipertestualità comprendano quella più prettamente informatica di software per creare nodi e link, è solo nell'ambito degli studi sul testo che emerge il bisogno di definire l'ipertesto. L'intento è, probabilmente, quello di riuscire a gestire l'impatto con le nuove dimensioni della testualità: accostarsi all'ipertestualità può significare il dover procedere ad una più o meno radicale rivisitazione del proprio apparato concettuale, per cui appare necessario "definire" per potere, in un certo senso, dominare il nuovo e stabilire una relazione, sia essa di continuità o di rottura, con la tradizione. La storia della scrittura, le scienze della comunicazione, la semiotica, la teoria della letteratura, la narratologia, avvertono di trovarsi sulla soglia di un panorama nuovo e, sia che si tratti di una trasformazione della natura della testualità o, più cautamente, di una nuova dimensione produttiva e fruitiva del testo, il definire l'ipertesto ritualizza l'avvicinamento alle nuove aperture focali della riflessione teorica.

La prima definizione dell'ipertesto, formulata nel 1965 da T. H. Nelson (vedi cap. 3.2.1) è ormai considerata un classico. Le definizioni successive portano con sé l'eco di un dibattito più approfondito in cui si vengono a delineare posizioni distinte. George P. Landow, ad esempio, torna più volte sulla definizione di ipertesto, dal 1991 al 1993, incentrandosi sull'aspetto di apertura della testualità tradizionale. L'ultima definizione amplia le precedenti e, al

---

48 In B. Gasparini, in G. Bettetini B. Gasparini N. Vittadini, *Gli spazi dell'ipertesto*, Bompiani, 1999
49 F. Carlini, *Lo stile del Web*, Einaudi 1999, p. 46 – Per approfondimenti, biografia da Wikipedia: http://it.wikipedia.org/wiki/Franco_Carlini

73

contempo, conclude il percorso concettuale del suo autore. Essa, pone in risalto la funzione di apertura della testualità da un'angolazione che si avvicina alla prospettiva decostruzionista (vedi Jacques Derrida): "l'ipertesto è un testo composto da blocchi di parole (o immagini) connesse elettronicamente secondo percorsi molteplici in una testualità aperta e perpetuamente incompiuta descritta dai termini collegamento, nodo, rete, tela, percorso"[50].

Il filosofo francese Pierre Levy[51], a differenza di Landow, si focalizza sulla reticolarità ipertestuale: "tecnicamente un ipertesto è un insieme di nodi connessi da legami. I nodi possono essere delle parole, delle pagine, dei grafici o parti di grafici, delle sequenze sonore, dei documenti completi che possono essere degli ipertesti a loro volta [...] Navigare in un ipertesto, dunque, è disegnare un percorso in una rete che può essere complessa quanto si vuole. Perché ogni nodo può contenere, a sua volta, tutta la rete"[52].

Alberto Cadioli, dal suo canto, pone l'accento sulla struttura ipertestuale lasciando trasparire la funzione progettuale dell'autore: "l'ipertesto può così essere definito come una composizione di testi diversi (e immagini e suoni) uniti grazie a collegamenti che, stabiliti a priori, possono essere attivati (cioè portati in primo piano su uno schermo) secondo tempi (e gradi gerarchici) differenti, decisi dal lettore"[53]. Anche la definizione di Alearda Pandolfi e Walter Vannini va presa in considerazione, in quanto, gli stessi autori ne riconoscono più di una lettura: "l'ipertesto è un metodo di scrittura che utilizza il calcolatore per cucire fra loro le componenti di un opera in una rete; la lettura dell'opera (comunemente detta "navigazione") avviene seguendo un percorso nella rete; il

---

50 G. P. Landow, tr. it. *L'ipertesto. Tecnologie digitali e critica letteraria*, Bruno Mondadori, Milano, 1997
51 Da Wikipedia: http://it.wikipedia.org/wiki/Pierre_L%C3%A9vy
52 P. Levy, cit. in A. Cadioli, *Il critico navigante*, Marietti 1998, cit. p. 80
53 A. Cadioli, *Il critico navigante*, Marietti 1998, cit. p. 79

percorso è una scelta del lettore fra le alternative offerte dall'autore e viene determinato dal calcolatore sulla base dell'una, delle altre e di ulteriori condizioni specificate dall'autore"[54].

A tal proposito, i filosofi francesi Deleuze e Guattari, parlano di rizoma (rizhome) e vi fanno rientrare quelle forme spaziali e semantiche da opporre a tutti i modelli basati sulla concezione di albero (imperanti in tutte le discipline, dalla linguistica all'architettura). Il modello ad albero prevede una gerarchia, un centro, e un ordine di significazione: nell'albero i significati sono disposti in ordine lineare. Secondo gli autori, invece, a differenza degli alberi o delle loro radici, il rizoma collega un punto qualsiasi con un altro punto qualsiasi, e ciascuno dei suoi tratti non rimanda necessariamente a tratti dello stesso genere, mettendo in gioco regimi di segni molto differenti ed anche stati di non-segni: «[...]rispetto ai sistemi centrici (anche policentrici), a comunicazione gerarchica e collegamenti prestabiliti, il rizoma è un sistema acentrico, non gerarchico e non significante»[55]. Per le sue caratteristiche semiotiche, il rizoma è stato spesso impiegato come metafora della Rete, la quale sarebbe stata comunque realizzata in un tempo successivo al 1980 (il *World Wide Web* viene proposto nel 1989). Deleuze e Guattari, infatti, descrivono sei principi che stanno alla base del rizoma, alcuni dei quali sembrano anticipare le caratteristiche funzionali della Rete:

1. *Principio di Connessione:* ricorda il tessuto dei collegamenti ipertestuali della Rete. Infatti secondo tale principio "qualsiasi punto del rizoma può essere collegato con qualunque altro".

---

54 A. Pandolfi, W. Vannini, *Che cos'è un ipertesto*, Castelvecchi 1996, p.13
55 Gilles Deleuze e Félix Guattari, *Mille piani. Capitalismo e schizofrenia* (1980), sez. 1, Castelvecchi 1997, p. 33

2. *Principio di Eterogeneità:* il rizoma mette in collegamento sistemi semiotici diversi. Il rizoma è una costruzione multimediale o, in altre parole, raggruppa elementi significativi di natura diversa, ognuno dei quali possiede una sua identità e una sua caratteristica.

3. *Principio di Molteplicità:* esalta il concetto che il rizoma è un sistema aperto, liberamente e infinitamente percorribile, come sarebbe stata la Rete, la quale, a sua volta, avrebbe permesso d'inseguire molteplici percorsi, dandovi altrettanti valori. Sempre nuove interpretazioni, pertanto, possono essere elaborate, proposte e diventare, a loro volta, dati del rizoma. Chi percorre il rizoma, in qualche modo vi è reso partecipe.

4. *Principio di Rottura Asignificante*: parte dalla constatazione che tutti i testi tradizionali sono separati da "rotture" significanti perché postulano sensi diversi. Nel Rizoma, così come (poi) nella Rete, il salto da un testo all'altro non comporta rotture significanti, anzi il senso della navigazione tra i punti, o dati, provoca l'esperienza d'imprevedibili scoperte da reintepretare e da riconnettere tra loro.

5. *Principio della Decalcomania*: strettamente collegato per via oppositiva al sesto, apre la questione del calco, dell'imitazione pedissequa, indicando un testo, o un dato il cui significato può essere riprodotto infinite volte senza che il suo senso venga alterato o modificato (analogamente ad un'informazione genetica, passa da un individuo all'altro della specie, ricalcando ogni volta lo stesso codice).

6. *Principio della Cartografia:* si predispone alla forma della mappa, di un percorso di possibilità, apparentemente tutte segnate, com'è in effetti un foglio in cui sono stampate o disegnate tutte le vie e le piazze di una

città: non è vero che siamo sempre obbligati a seguire le indicazioni della mappa. Possiamo arrivare dove vogliamo per infinite scelte di percorso. Basta ricordarsi la strada dell'albergo!

Un rizoma, quindi, unisce tra loro fenomeni e concetti molto distanti, ma ciò non ci impedisce di trovarvi relazioni e, che siano logiche o casuali, saranno sempre e comunque interagenti reciprocamente.

Si può, dunque, notare da queste poche ma significative definizioni, come la visione di ogni autore sottolinei aspetti diversi senza che questi ultimi entrino in contraddizione reciproca. Tutte le definizioni sono permeate da una dimensione volta ad identificare gli elementi strutturali e concettuali dell'ipertesto. Ormai pacificamente individuati nodi, legami e percorsi, si riscontra una certa concordanza nel determinare lo specifico dell'ipertesto nella *reticolarità*, nell'interattività dei percorsi produttivi e fruitivi e nella tecnologia che fa di un ipertesto elettronico qualcosa di nuovo, impossibile da realizzare su carta.

3.2 Struttura dell'ipertesto

Nella maggior parte dei testi a stampa, è possibile identificare una pagina come quella parte di testo contenuta all'interno di un foglio di determinate dimensioni e impressa normalmente su carta. Simile il caso degli ipertesti: la pagina è quella porzione di ipertesto contenuta all'interno di una cornice le cui dimensioni normalmente coincidono con quelle del monitor del computer (o di un *tablet* o di uno *smartphone*). Ma al di là della superficiale somiglianza nella descrizione delle due pagine (entrambe circoscritte all'interno di uno spazio finito) esistono, tra esse, sostanziali differenze:

1. *Multimedialità*: ogni pagina ipertestuale è multimediale, costruita integrando diverse materie mediali (verbale, visiva, sonora). Inoltre, dalla pagina ipertestuale si possono impartire ordini per il collegamento e il coordinamento di strumenti di produzione di comunicati multimediali, cioè programmi di gestione di immagini pittoriche (sintetiche e fotografiche) e di immagini vettoriali (per diagrammi, schemi, tabelle etc.); programmi di gestione dei testi verbali (word processors, impaginazione, etc.) e programmi di gestione di suoni (sintetici, 'naturali', verbali, orali);

2. *Dinamicità*: contrariamente a quanto accade con gli elementi costitutivi di una pagina di un testo convenzionale, la cui forma e disposizione vengono fissate all'atto della stampa, e non possono venir modificati se non in una successiva edizione del testo, gli elementi costruiti con diverse materie mediali e costitutivi di una pagina ipertestuale sono dinamici: è infatti possibile modificare (durante la scrittura ma anche durante la lettura che, in tal modo, diventa ri-scrittura) la loro forma, la loro posizione e la loro funzione. A ciò deve aggiungersi la capacità della pagina ipertestuale di accettare facilmente, durante ogni fase di scrittura, l'inclusione di nuovi oggetti (ciascuno con una sua propria funzione programmabile) da distribuire all'interno dello spazio della pagina (immagini grafiche, foto, grafici, diagrammi, formule, note verbali e sequenze sonore);

3. *Interattività*: il fruitore può intervenire su elementi inizialmente non visibili o non ascoltabili nella pagina, ma ad essa appartenenti per scelta dell'autore, così da renderli percepibili e fruibili (possibilità di visualizzare disegni, foto, animazioni, note o commenti correlati a determinate aree della pagina, o di attivare l'esecuzione di una certa partitura musicale, o la recitazione di un testo verbale già presente sullo schermo);

4. *Non-linearità*: contrariamente a quanto avviene nella lettura lineare tipica dei testi scritti su carta, in cui il lettore è forzato a procedere da sinistra a destra, dall'alto in basso, da pagina 1 alle successive, la lettura ipertestuale favorisce una lettura da-oggetto-a-oggetto, da-tema-a-tema, da-documento-a-documento, una lettura che avviene in maniera principalmente (anche se non necessariamente) non-lineare e all'interno di uno spazio di contenuti la cui forma e le cui dimensioni variano nel tempo in relazione al numero di utenti che utilizzano quello spazio e lo ampliano, ri-scrivendolo.

5. *Illimitatezza*: un ipertesto può possedere dimensioni indeterminate. Ogni pagina di un ipertesto può accogliere al suo interno un numero variabile (e idealmente infinito) di oggetti. Lo stesso accade con i nodi: ogni nodo può essere il "centro di smistamento" verso un nuovo ramo, o verso altri rami esistenti, o verso altri nodi in altrettante zone dell'ipertesto. L'ipertesto, quindi, favorisce l'integrazione di porzioni apparentemente non connesse. ed eventualmente connettibili, di conoscenza.

6. I testi digitalizzati si compongono di sotto-unità che non sono organizzate in forma sequenziale e non sono predisposte

necessariamente per una lettura sequenziale. Come già aveva sottolineato Vannevar Bush, il lavoro intellettuale è il risultato di connessioni mentali coadiuvate da appunti, schede, collegamenti, revisioni, cancellazioni, spostamenti di blocchi di testo e riscritture che sono sempre state le normali attività di uno scrittore. "L'ipertesto permette di andare zigzagando tra parole e concetti, accedendo così al testo di ordine superiore"[56], di conseguenza non è da vedersi semplicemente come modo efficiente e logico di organizzare l'informazione. Sulla base di quanto si è detto finora, potremmo intendere l'ipertesto come una estensione evolutiva del testo. Ma il legame testo-ipertesto è debole. Il parlare di ipertesti impone lo svincolarsi tanto dalla struttura lineare e fissa, tipica del testo a stampa, quanto dalla materia mediale (la carta, la plastica, il papiro) che il più delle volte si incarica di veicolare quella struttura. Il mezzo di produzione e fruizione di un ipertesto è il computer, l'accesso alle informazioni ipertestuali è non-lineare, le informazioni sono di tipo multimediale, la fissazione di una determinata quantità di conoscenza all'interno di un certo numero di pagine ipertestuali organizzate in accordo ad una certa struttura è solamente temporanea e potenzialmente soggetta a continua revisione ed estensione.

Gli elementi che compongono un ipertesto, si possono riassumere in:

- Nodi

- Legami (link)

- Mappe di navigazione

---

56 Lughi, 2001, p. 75

Il nodo ipertestuale è uno spazio contenente dati o informazioni di varia natura. La sua dimensione dipende esclusivamente dalla volontà dell'autore e comporta scelte di segmentazione o di *modularizzazione* dell'informazione che si sta organizzando. Dare luogo ad un'informazione modularizzata significa determinare confini al flusso del discorso, organizzando il testo in insiemi e sottoinsiemi tematici. Il link (o legame) è una struttura di collegamento che unisce con estrema facilità e rapidità nodi diversi dell'ipertesto permettendo, in questo modo al lettore, la possibilità di esaminare i contenuti secondo un modello di lettura esplorativa. La mappa di navigazione è un "contenitore" speciale che mostra la rappresentazione grafica di tutti i nodi dell'ipertesto. Il lettore può utilizzare questo strumento per orientarsi, evitando così fenomeni di disorientamento e, allo stesso tempo, per muoversi più agevolmente all'interno della rete di nodi e legami. La mappa, in definitiva, può identificarsi come una sorta di indice o menu che raccoglie i link ai vari nodi.

3.2.1 Ipertesti a struttura assiale

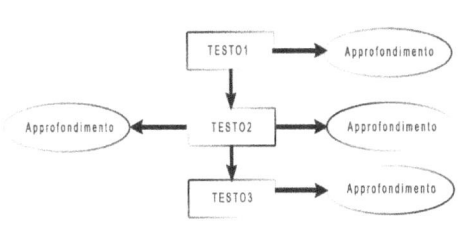

In un ipertesto a struttura assiale i vari nodi si differenziano in nodi primari e nodi secondari. La sequenza di informazioni risulta essere abbastanza lineare, difatti i nodi primari sono interconnessi tra loro in maniera sequenziale ma ciascun nodo primario può

81

indirizzare ad uno o più nodi secondari che solitamente hanno lo scopo di approfondire l'argomento trattato dal nodo primario.

3.2.2 Ipertesti a struttura gerarchica

In un ipertesto a struttura gerarchica i vari nodi sono posti su livelli diversi. Ciascun nodo possiede un nodo "figlio", in una sorta di struttura ad albero che ha inizio da un nodo principale che a sua volta definisce uno o più nodi figlio che

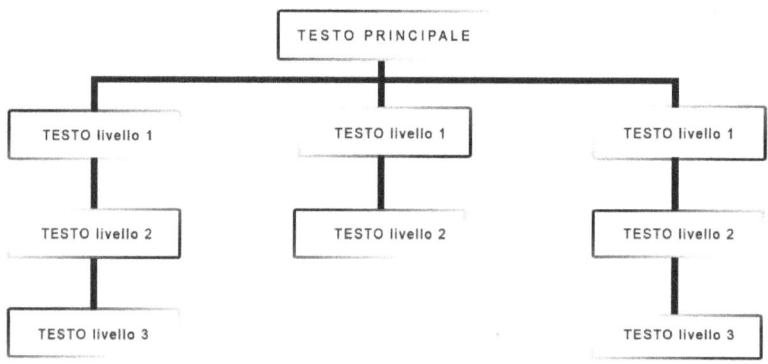

hanno lo scopo di continuare, tramite un opportuno collegamento, l'argomento trattato dal nodo "padre". La struttura gerarchica è assimilabile alla struttura di molti siti internet odierni che forniscono tramite una pagina iniziale denominata *home*, una serie di collegamenti a pagine secondarie (o sottosezioni) che trattano tematiche diverse tra loro. Ciascuna di queste sottosezioni può indirizzare a pagine specifiche di livello più basso. La navigazione all'interno della struttura gerarchica è dall'alto verso il basso con la presenza di un nodo principale che funge da crocevia per la trattazione di argomenti diversi.

3.2.3 Ipertesti a struttura reticolare

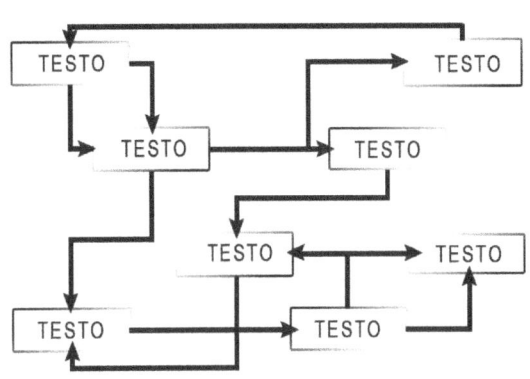

In un ipertesto a struttura reticolare i nodi sono posti allo stesso livello e interconnessi tra loro in maniera non sequenziale. Ciascun nodo può avere un collegamento con uno o più nodi e possono esistere nodi che fungono da crocevia per il raggiungimento di altri nodi. In questa struttura il grado di libertà è molto alto ed è compito del progettista dell'ipertesto realizzare collegamenti in modo tale che ci si possa facilmente orientare. Una struttura reticolare è particolarmente indicata per i casi che presentano una moltitudine di informazioni da distribuire; l'ordine di lettura è arbitrario. Il fruitore può partire da un nodo e raggiungerne un altro senza passare per nodi intermedi, oppure un testo può indirizzare a più testi di approfondimento che a loro volta *linkano* a testi di natura diversa. Basti pensare al famoso portale *Wikipedia* che permette di raggiungere un argomento passando per infiniti argomenti tramite parole chiave o riferimenti.

83

Capitolo Quarto
NARRATIVA IPERTESTUALE

« La linea consta di un numero infinito di punti; il piano, di un numero infinito di linee; il volume, di un numero infinito di piani; l'ipervolume di un numero infinito di volumi... No, decisamente non è questo, more geometrico, il miglior modo di iniziare il mio racconto. E' ormai una convenzione di tutti i racconti fantastici l'affermare la veridicità di ciò che si narra. Dunque, anche il mio racconto è vero. »

E' così che Borges-personaggio, alter ego del Jorge Luis Borges-scrittore, comincia la narrazione degli eventi a proposito del *Libro di Sabbia*, l'incubo metafisico che imprigionerà i suoi sonni. E' l'incontro casuale con un malinconico venditore di Bibbie che bussa alla sua porta per condurlo alla conoscenza del Libro dei Libri.

« Lo aprii a caso. I caratteri mi erano estranei. Le pagine, che mi apparirono rovinate e di scarsa qualità tipografica, erano stampate su due colonne alla maniera di una bibbia. Il testo era fitto ed ordinato in versi. Nell'angolo superiore la numerazione della pagina era in cifre arabe. Mi saltò agli occhi il fatto che la pagina pari indicava il numero (diciamo) 40.514 e quella dispari, la seguente, il numero 999. Voltai pagina; il numero sul dorso era di otto cifre. Riportava una piccola illustrazione, com'è in uso nei dizionari: un'ancora disegnata a penna, come dalla mano maldestra di un bambino.

Fu allora che lo sconosciuto mi disse: « La guardi bene. Non la vedrà mai più. »

C'era una minaccia nell'affermazione, ma non nella voce. Chiusi il volume osservando in che punto lo avevo aperto. Subito dopo lo riaprii. Inutilmente

85

cercai la figura dell'ancora. Per nascondere la mia perplessità, gli dissi: « Si tratta di una versione delle Scritture in qualche lingua indostanica, non è vero? » - « No » mi replicò.

[...] Abbassò la voce come per confidarmi un segreto: "Lo acquistai in un paese della pianura, in cambio di poche rupie e della Bibbia. Il suo possessore non sapeva leggere. Sospetto che nel Libro dei Libri vedesse un amuleto. Era della casta inferiore. Solo altri intoccabili potevano calpestare la sua ombra senza temere un contagio. Mi disse che il libro si chiamava il Libro di Sabbia, perché né il libro né la sabbia hanno un principio o una fine." Mi chiese di trovare la prima pagina. Appoggiai la mano sinistra sulla copertina e aprii il libro col pollice quasi serrato all'indice. Tutto fu inutile: sempre si interponevano varie pagine tra la copertina e il pollice. Era come se scaturissero dal libro. "Ora cerchi la fine." Ancora senza esito; appena riuscii a balbettare con una voce che non era la mia: "non è possibile". Sempre a voce bassa il venditore di bibbie mi disse: "Non è possibile eppure è. Il numero di pagine di questo libro è esattamente infinito. Nessuna è la prima pagina; nessuna l'ultima. Non so perché è stato numerato in tale modo arbitrario. Forse per dare ad intendere che i termini di una serie infinita ammettono qualsiasi numero.»[57]. Nell'introduzione al racconto, Borges ci dice che il *Libro di Sabbia* è un volume di incalcolabili pagine, un oggetto avverso e inconcepibile, inquietante, un incubo che infama e corrompe la realtà.

Non è difficile supporre che nel narrarci la scoperta del suo mostro metafisico Borges non fosse a conoscenza di *Memex* ideato trent'anni prima. E,

---

57 JorgeLuis Borges, *Il Libro di Sabbia*, disponibile online all'indirizzo:
    http://web.mclink.it/MK1027/BIOPARCO/DOWNLOAD/illibrodisabbia.pdf,
    approfondimenti all'indirizzo:
    http://www.issgreppi.gov.it/web/sezioni/matematica/leo.html

naturalmente, Bush non poteva aver letto il racconto di Borges mentre pensava alla sua macchina per l'archiviazione del sapere. Ma tanto il pensiero di Borges che quello di Bush convergono sullo stesso oggetto: il libro dei libri, la biblioteca delle biblioteche, un libro infinito. Un libro che, in uno spazio finito, riesca a racchiudere una quantità infinita (o almeno indefinita, e comunque idealmente estendibile all'infinito) di informazioni. Di fatto, il Libro di Sabbia non contiene le istruzioni per la sua costruzione, e rimane quindi l'oggetto metafisico di un racconto fantastico. D'altro canto, il fatto che *Memex* prima, e *Xanadu*, poi, siano caratterizzati da una profetica incompiutezza dimostra, probabilmente, che la perfetta coincidenza tra la mente e i prodotti della mente è impossibile da conseguire, così come è impossibile far coincidere il mondo con la rappresentazione del mondo. L'idea del libro magico era ancora nell'aria, pronta ad essere ripresa..

4.1 Ipertesti creativi

Con la narrativa ipertestuale si accede al campo degli ipertesti creativi. Gli ipertesti narrativi sono opere normalmente native dell'ambiente ipertestuale, ma possono contenere link a testi diversi, originati altrove e collegati a un *macrotesto* in funzione compilativa. Eco "liquida" sbrigativamente la questione della cosiddetta "letteratura elettronica o digitale", "*web literature*", "*Internet-Literature*", "*Hypermedia Poetry*" e le connesse, discusse e discutibili problematiche della morte del libro o dell'autore, catalogandola semplicemente in un genere nuovo, probabilmente un sottogenere al pari di tanti altri.

«[...] i teorici della scomparsa dell'autore dicono anche che una storia messa su dischetto ipertestuale o in linea permette al lettore anche di cambiare il finale o di sottoporre il personaggio a nuove esperienze o addirittura permette a lettori diversi, come in una gara, di intervenire per mostrare chi sa sviluppare la storia più interessante [...]. Quello che vorrei far notare è che, così facendo, non si è sostituita la letteratura quale la conosciamo da alcune migliaia di anni, ma si è semplicemente inventato un nuovo genere letterario, che equivale a quello che nella musica è la jam session del jazz. Cosa avviene in una jam session? A partire da un tema, i musicisti inventano, e ogni sera la soluzione è diversa: se non si mantiene la registrazione ogni jam session sarà diversa dalla precedente e potrebbero anche alternarsi o sostituirsi i musicisti e quell'esperienza musicale andrebbe avanti in modo collettivo. Ma l'esistenza della jam session non ha affatto chiudere le sale da concerto o inibito la produzione di musica su spartito. Semplicemente, si è aggiunto un nuovo genere »[58].

---

58   U. Eco, 1998, p.47

Ma è proprio così? Si può effettivamente parlare ancora di letteratura riferendoci alle varie esperienze di scrittura creativa ipertestuale spesso associata alla multimedialità? E, in caso affermativo, ci troviamo di fronte a un genere nuovo, o a un insieme di generi diversi?

Alcuni studiosi parlano di "letteratura digitale molle" e vi fanno rientrare tutte le esperienze scritturali interattive e in rete di gruppo nonché tutte le realizzazioni che, oltre alla scrittura, impiegano un'espressività multimediale sfruttando per intero le capacità dello strumento, siano esse:

1. interattive, manipolabili o abbandonate "surrealisticamente" al *Text-generating-software*;

2. a interattività/manipolabilità parzialmente codificata, limitata dall'emittenza;

3. a interattività totalmente codificata, possibile su percorsi prestabiliti dall'emittenza e in assenza di manipolabilità

4.1.1 Rapporto autore-lettore

In definitiva, gli elementi specifici della narrativa ipertestuale, che dovrebbero definirne la natura e contemporaneamente indicarne i canoni estetici e le regole grammaticali, si possono ridurre a tre:

1. Ridefinizione del rapporto autore-lettore (interattività);

2. Ridefinizione della struttura narrativa (reticolarità);

3. Ridimensionamento della priorità del linguaggio verbale (multimedialità).

A questo livello di analisi, vengono messi in discussione i concetti cardine della narratologia, ma anche la sorte e la possibilità stessa dell'hyperfiction come forma narrativa. I nodi identificati si attorcigliano particolarmente nel momento in cui i ruoli di autore e lettore, come accade nella narrativa "tradizionale", sono costretti ad interagire per l'attribuzione di senso al testo. Le riflessioni sulle strutture narrative reticolari e sull'interattività del rapporto autore-lettore convergono nella ricerca di un principio di unità nell'opera ipertestuale, irrinunciabile affinché si possa parlare di essa in termini di narrativa. La ricchezza dei mezzi espressivi a disposizione dell'autore di un testo multimediale, inoltre, lascia intravedere gli albori di una nuova forma affabulativa che fuoriesce dall'ambito della narrativa (che non è neanche cinema) ma che, proprio in un'area dai confini ancora impalpabili, può prendere corpo come forma specifica *ipernarrativa*. Si può adottare il punto di vista della struttura dell'opera reticolare e del ruolo dell'autore nel crearla o il punto di vista del lettore interattivo e del suo rapporto con l'autore nella costruzione del senso dell'opera, ma la centralità spetta proprio alla narrativa, alla definizione del suo ambito, al suo futuro nel mondo ipertestuale e al futuro dell'*ipernarrativa* stessa nel mondo della narrativa. Il punto è: fino a dove può spingersi l'accentuazione dei caratteri specifici dell'ipertestualità (reticolarità, interattività e multimedialità) per potere ancora parlare di narrativa?

La ridefinizione della struttura narrativa in senso reticolare, identificata da Gineprini[59] come prima caratteristica fondamentale della narrativa elettronica, porta in primo piano la *problematizzazione* del ruolo dell'autore nella costruzione del testo. Optare per un *dispositivo ergodico* può esprimere la volontà dell'autore di smitizzare la creazione letteraria o di denunciare le

---

59 Gineprini: http://www.onlynx.it/hi/strumenti/iper_narrativa.html

90

convenzioni narrative o, soprattutto, di vivere la molteplicità dei percorsi possibili nel lavoro creativo lasciandosi andare alla «tentazione del multiplo». D'altro canto «un approccio iper offre all'autore possibilità inattuabili su carta e, grazie all'ausilio del computer, ancora più raffinate di quelle consentite dal cinema: molteplicità di trame, molteplicità di letture di ciascuna pagina, possibilità di descrivere eventi complessi come una serie di storie sincrone, ciascuna con la sua parzialità. E ancora, possibilità di far percepire l'unità della storia attraverso la rappresentazione di tutte le sue sfaccettature; oppure di frammentare una narrazione in una serie pressoché infinita di storie alternative»[60].

In una struttura reticolare le unità narrative «si configureranno quali microstrutture autonome che, oltre a determinare gli input per gli sviluppi successivi, conterranno gli elementi adeguati ad un'esistenza narrativa autosufficiente. Le sequenze narrative non sono più regolate dalla sintassi e dai vincoli della narrazione ma sono inserite in una dimensione spazio-temporale aperta, in una struttura fluida e libera, in cui vi sarà una moltiplicazione dei punti di vista». In un'architettura di questo genere, vengono meno alcune tra le sicurezze che timbrano la testualità: non siamo più di fronte ad una struttura definita, delimitata. La narrativa viene privata delle caratteristiche di unità: inizio-sviluppo-fine, coerenza, coesione. È evidente, quindi, che non si mette in crisi soltanto il concetto di trama e il relativo rapporto tra fabula e intreccio, ma anche tutti gli altri elementi costitutivi del testo narrativo. I personaggi e la loro caratterizzazione, l'ambientazione, la figura del narratore e i vari gradi di focalizzazione vanno rivisti alla luce di una struttura narrativa non più vincolata alla logica di uno sviluppo unidirezionale. Proprio nella contrapposizione di

---

60   A. Pandolfi, W. Vannini, *Che cos'è un ipertesto*, Castelvecchi 1996, pp. 75-76

linearità e reticolarità, messa in luce dall'ipertesto, per Gineprini è da cogliere il senso profondo della stessa narratività: «Nella narrativa, come nella vita, si cerca di ricomporre la contraddizione (solo apparente?) fra la percezione del tempo come svolgimento lineare di una catena di avvenimenti causali e il tempo come una ragnatela di storie correlate più o meno casualmente. Il senso profondo della narrativa (cartacea ed elettronica) forse è proprio quello di esprimere e riorganizzare una totalità dispersa, sfruttando gli strumenti a disposizione».

Per Eco, la funzione dei racconti lineari "immodificabili" è che, «contro ogni nostro desiderio di cambiare il destino, ci fanno toccar con mano l'impossibilità di cambiarlo. E così facendo, qualsiasi vicenda raccontino, raccontano anche la nostra, e per questo li leggiamo e li amiamo. Della loro severa lezione "repressiva" abbiamo bisogno. La narrativa ipertestuale ci può educare alla libertà e alla creatività. È bene, ma non è tutto. I racconti "già fatti" ci insegnano anche a morire»[61].

Landow parte proprio dalla considerazione che «per capire la combinazione di prospettive e di rischi con cui l'ipertestualità si pone di fronte al racconto dovremmo prima di tutto ricordarci che in effetti la narratologia considera il racconto come qualcosa di intrinsecamente lineare, e ritiene che tale linearità svolga un ruolo centrale nel pensiero»[62]. Interrogarsi sulla natura del racconto significa invitare ad una riflessione sulla natura della cultura, e forse anche sulla natura dell'umanità stessa.

Nella sua tesina, elaborata nell'ambito del corso di semiotica del testo tenuto da Umberto Eco, Piero Ciarfaglia, che si rifà ad Eco, parla di una "poetica

---

61 U. Eco, "Su alcune funzioni della letteratura", in *Sulla Letteratura*, Bompiani, Milano 2002 (2003), pp. 21-22
62 G. P. Landow, *L'ipertesto: tecnologie digitali e critica letteraria*, Bruno Mondatori 1998, p. 229

dell'opera aperta" che «testimonia il diffondersi, anche in campo artistico, di una sensibilità verso i nuovi aspetti e le nuove problematiche della cultura contemporanea. In particolare, Eco ritiene che le forme artistiche, in ogni periodo storico, si pongano come metafore epistemologiche, in quanto "mimano" il modo in cui la scienza o la cultura dell'epoca guardano alla realtà. Dunque le problematiche e i temi di riferimento di questa poetica andrebbero ricercate innanzitutto negli ultimi sviluppi della fisica (il principio di indeterminazione, la teoria della relatività), della filosofia (la nozione di possibilità) o delle scienze cognitive. Questa sensibilità si esprime al massimo grado nelle opere di artisti sperimentali (e, potremmo dire, elitari), ma non si può negare che sia anche il sintomo di un cambiamento generalizzato nel "sentire comune": in fin dei conti la troviamo riflessa anche nella valorizzazione dell'individuo e della libertà di scelta»[63].

4.1.2 Rapporto fabula-intreccio

Ad un livello di analisi più intensivo bisogna cominciare col notare che in una struttura narrativa privata della sequenzialità di inizio-sviluppo-fine entra in crisi il rapporto tra fabula e intreccio. La narratologia spiega che l'autore dispone un intreccio partendo da una fabula normalmente chiusa, in cui il procedere degli eventi è guidato dallo stesso autore verso una sola direzione finale. Secondo Eco «la fabula, via via che si attua e si dispone lungo il proprio asse temporale, verifica le anticipazioni, esclude quelle che non corrispondono allo stato di cose di cui essa vuole parlare, e alla fine avrà tracciato una sorta di linea cosmologica continua in cui (nei limiti del mondo costruito dal racconto) quello che è

---

63 U. Eco, *Opera aperta*, Bompiani, Milano 1962

accaduto è accaduto e quello che non è accaduto non ha più importanza [...]. Questo tipo di fabula è chiusa in quanto non permette (alla fine) nessuna alternativa ed elimina la vertigine dei possibili. Il mondo (della fabula) è quello che è»[64]. In effetti, Eco oppone fabulae aperte e fabulae chiuse come idealizzazioni di due tipi teorici e ritiene che «nessuna fabula sarà mai del tutto aperta o del tutto chiusa, e che si potrebbe e dovrebbe stabilire una sorta di continuum graduato dove collocare le varie narrazioni, ciascuna al posto che le compete». L'ipertesto si comporterebbe, allora, come una fabula aperta, ramificata su un percorso che genera aperture ad ogni passo permettendo il moltiplicarsi delle storie possibili in un gioco di narratività moltiplicata.

Ciarfaglia tratta dell'apertura testuale in quella che indica come "hyperfiction" e vi distingue due dimensioni connesse entrambe alla reticolarità ipertestuale:

1. i molteplici collegamenti: permettono di moltiplicare le diramazioni e gli esiti di una lessìa e sono connessi all'apertura strutturale che contraddistingue HF e la pone in essere;

2. le molteplici e possibili contestualizzazioni: generate dalle ambiguità che nascono ad ogni "salto" o dalle "reinterpretazioni" di una stessa lessìa, inserita in catene diverse, ad ogni nuova lettura e sono connesse all'interpretazione (aspetto condiviso anche dalla narrativa tradizionale) della cooperazione del lettore[65].

In un tale regime però, c'è da chiedersi se non esista più un intreccio cui sottostà una fabula, essendo disponibile e attivabile in ogni momento un numero x di intrecci "narcotizzati", così che ad ogni scelta del lettore si viene a costruire

---

64   U. Eco, *Lector in fabula*, Bompiani, Milano 1994, pp.120-121
65   P. Ciarfaglia: http://www.dsc.unibo.it/studenti/tesine/hyperfiction/index.htm

un nuovo intreccio e ad innescare una delle possibili e potenziali fabulae. Clément parla dell'ipertesto come di una forma narrativa che rende giustizia al desiderio degli scrittori, davanti alla difficoltà di scegliere tra le molte linee di un racconto, «di vivere una molteplicità di percorsi possibili attraverso storie inventate». Proprio per la sua vocazione alla molteplicità, però, è praticamente impossibile fare un riassunto, è impossibile delineare la trama: si possono fare molti riassunti, ma raccontare una trama fa svanire proprio quelle che sono le peculiarità dell'ipertesto. Se il lettore dell'ipertesto è libero di scegliere la strada che vuole, se l'ipertesto è un sistema di relazioni senza confini, che cosa diventano l'inizio e la fine di un testo? È possibile partire da un punto qualsiasi o fermarsi in un posto qualunque? Inizio e fine non esistono? E se, di nuovo, consideriamo l'inizio come il primo passo nella produzione di senso, come è possibile raccontare, produrre senso, una volta privati di quest'appoggio?

Landow riconosce che molti dei racconti ipertestuali «trattano in maniera sostanzialmente prudente il problema dell'inizio e offrono al lettore una lessìa chiamata qualcosa come "inizio" che combina le funzioni di frontespizio, introduzione e primo paragrafo»[66]. A questa considerazione associa diversi motivi, tecnologici, retorici e di altro tipo:

«L'impiego delle macchine isolate, non collegate in rete, stimola quindi gli scrittori a creare storie o opere poetiche che siano autosufficienti e abbastanza brevi da entrare in un unico dischetto. Inoltre, dato che alcuni di questi primi ambienti ipertestuali non permettono al lettore di aggiungere collegamenti, gli autori che vi lavorano tendono a considerare il loro lavoro come autoconclusivo in senso tradizionale. Un altro motivo per utilizzare la strategia dell'"inizio" è poi la naturale riluttanza di alcuni scrittori a disorientare il lettore nel suo primo

---

66   G.P. Landow, *L'ipertesto*, Bruno Mondatori 1998, p. 238

contatto con il racconto; certi autori, inoltre, reputano che la narrativa ipertestuale dovrà necessariamente modificare la nostra esperienza del centro del racconto, ma non quella dell'inizio»[67].

In definitiva, qualunque sia la nostra concezione di testo non è possibile prescindere da un punto di partenza. Questo punto potrà apparire neutro e addirittura esterno al testo (racconto, poesia), ma per il fatto stesso di esistere, finisce per essere strutturalmente interno e omogeneo al testo. È solo un altro tipo di inizio.

---

67 Ibidem

4.1.3 Il disorientamento

Può capitare che nel fruire un ipertesto, il lettore si senta disorientato. Nel caso di un testo stampato basta andare più avanti o più indietro nel testo per orientarsi, in un ipertesto è estremamente complicato. Lo studioso Jeffrey Conklin individua tre tipi di disorientamento. Il primo è una pura confusione che si riversa nel comprendere in che punto ci si trova, perdendo di vista anche da dove si è partiti, rendendoci incapaci di tornare per la stessa via. Il secondo è un tipo di disorientamento più assoluto che può essere generato anche da un testo scritto. In questo caso è avvertito come la perdita del senso del tempo del luogo e dell'identità. Si tratta di un'immersione tanto profonda da far perdere ogni tipo di riferimento. Il terzo è un disorientamento di pura confusione: si ha precisamente la percezione di dove ci si trovi e di che percorso si è attuato ma si è in una tale confusione da non comprendere più il senso della propria lettura.

Appare evidente che, oltre alla limitata esperienza di lettura e scrittura di ipertesti, i soli collegamenti (link) non bastano. Come scrive Landow «l'immenso potenziale del mezzo non viene sfruttato, limitandosi a collegare un brano o un'immagine ad altri brani o immagini non si utilizzano i benefici degli ipertesti anzi, in questo modo, si rischia di allontanare l'utente. A una prima analisi, una simile considerazione, non stupisce di certo dato che gli autori di saggi, poesie, racconti e testi su carta stampata sanno che non si può scrivere semplicemente mettendo insieme frasi e paragrafi senza il supporto di strumenti stilistici e convenzioni retoriche»[68].

---

68 G. P. Landow, *L'ipertesto: tecnologie digitali e critica letteraria*, Bruno Mondatori 1998, p.164

Gli studiosi incaricati di valutare il sistema suggeriscono sei riflessioni:

1. il disorientamento potrebbe sorgere dalla mancanza di esperienza o dal tentativo di applicare tecniche tipiche del libro;

2. un lettore può essere disorientato negativamente ed un altro piacevolmente;

3. il disorientamento è assai diverso per le discipline umanistiche e quelle tecniche;

4. il disorientamento può essere generato sia da sistemi troppo complessi sia da quelli mal costruiti;

5. libri e tecnologia coesisteranno ancora a lungo, ci saranno dunque ancora coloro che applicheranno le tecniche di lettura tradizionali al nuovo sistema;

6. si deve sviluppare una retorica e uno stile di scrittura ipertestuali evitando, così, il disorientamento.

Nella fase di progettazione di un ipertesto va tenuto in grande considerazione questo aspetto e vanno realizzati i cosiddetti punti di riferimento per favorire un "ripristino" della linea di navigazione scelta dal lettore.

Una serie di strumenti (interni all'ipertesto o piuttosto integrati nel browser o più in generale nel visualizzatore) cercano di porre rimedio all'effetto di disorientamento mediante:

*   mappe del sito, anche con funzione di indice;

*   tasti di navigazione;

*   l'uso della grafica per distinguere links interni ed esterni;

*   la visualizzazione della lista delle pagine visitate;

*   visite guidate all'ipertesto;

- motori di ricerca per parole chiave;

- una funzione segnalibro.

Sarà compito del progettista dell'ipertesto fornire questi strumenti in maniera opportuna.

4.2 Ipertesti e Ipermedia

Negli anni Novanta il termine ipertesto viene spesso sostituito con l'espressione «ipermedia» che vede l'orientamento, da parte dell'editoria elettronica, a combinare (inizialmente solo su CD-Rom, poi progressivamente anche su DVD, Internet e ora applicazioni per iPad) gli ipertesti di "solo testo" con materiali digitali di vario tipo (audio, video, animazioni, immagini).[69]

L'ipertesto è confluito nell'ipermedia nel momento in cui, oltre alla parola scritta, è stato possibile digitalizzare altri elementi (suoni, immagini fisse e in movimento), fagocitandoli all'interno del gioco di rimandi. Secondo la definizione di Antinucci (1993), l'ipermedia «è l'integrazione dei media in un unico, nuovo oggetto comunicativo non riferibile a, né comprensibile in, nessuno dei singoli media specifici componenti»[70] denotando l'equivoco nel considerare l'ipermedia come la somma di ipertesto e multimedialità. L'ipermedia non è solo un ipertesto cui sono stati aggiunti altri media, né un multimedia intriso di collegamenti ipertestuali: «l'ibrido è una specie, in cui le parti componenti non si sommano [...] ma si moltiplicano»[71]. Landow non condivide la posizione sopracitata sostenendo che il concetto di ipermedia può essere intercambiabile

---

69 Giulio Blasi, *Internet. Storia e futuro di un nuovo medium*, Milano, Guerini Studio, 1999, p. 69

70 Francesco Antinucci, *Summa Hypermedialis* (per una teoria dell'ipermedia), in *Sistemi intelligenti*, anno V, n. 2, Bologna, Il Mulino, 1993, p. 4. Francesco Antinucci è direttore del reparto Processi cognitivi e nuove tecnologie dell'Istituto di Psicologia del Cnr. Si occupa di processi di elaborazione, comunicazione e apprendimento delle conoscenze, in relazione all'uso delle nuove tecnologie interattive. In quest'ambito, ha progettato e diretto la realizzazione di sistemi ipermediali e di realtà virtuale. Tra le sue più recenti pubblicazioni, *Computer per un figlio* (1999) e *La scuola s'è rotta* (2001)

71 Ivi, p. 2

con quello di ipertesto senza la necessità di delineare distinzioni tra i due termini[72]. Lo studioso Nicholas Negroponte, concorde con tale enunciato, scrive: «Gli ipermedia sono un'estensione degli ipertesti, un termine, questo, per indicare testi altamente interconnessi o informazioni tra loro collegate»[73]. Il sistema ipermediale, analogamente a quello ipertestuale di cui è composto, consta altri elementi strutturali identificabili nella multimedialità e nell'interattività. Due fattori indispensabili per la progettazione del cosiddetto «libro elettronico», volume leggibile attraverso un monitor e costituito da notevoli quantità di informazioni di tipo testuale, sonoro, grafico, iconografico, filmico. Queste informazioni sono concatenate secondo punti di intersezione che consentono all'utente di sfogliare il documento secondo un itinerario non lineare, ma per associazioni di concetti e parole chiave[74]. La progettazione di un'opera ipermediale cambia radicalmente il modo di procedere: l'attenzione si sposta dalla logica sequenziale alla forma espressiva. Con la grafica visiva e l'uso del sonoro si vuole rendere più significativi i messaggi o i contenuti che si trasmettono per mezzo di una qualsiasi interfaccia[75]. Appare chiaro, quindi, che a sostegno di un lavoro ipermediale si rende necessaria la collaborazione tra competenze diverse e complementari: progettisti per il concept e per la strutturazione, programmatori per il software, designer per l'interfaccia e la visualizzazione, autori specializzati per i contenuti, redattori per il trattamento ipertestuale, tecnici audio e video, illustratori, musicisti, ecc. a raggiungimento di quello che Andrea Balzola e Paolo Rosa definiscono *artista plurale*:

---

72 George P. Landow, *L'ipertesto: tecnologie digitali e critica letteraria..* cit., p. 24
73 Nicholas Negroponte, *Essere digitali*, 1995, tr. it. Franco e Giuliana Filippazzi, Milano Sperling & Kupfer, 1997, p. 8
74 De Rosa, *L'unità algoritmica ipermediale come valore aggiunto...* cit., p. 82
75 Devoti, *Oltre la parola...* cit., p. 45

«L'arista plurale è colui che oltre a creare opere crea relazioni, agisce in una rete di relazioni senza perdere la sua dimensione autoriale»[76].

4.2.1 Ipermedialità e intertestualità

Quando si parla di ipermedia, oltre al concetto di ipertestualità, è necessario introdurre la nozione di intertestualità. L'espressione appare per la prima volta sulla rivista "Critique", in un articolo intitolato *Bakhtine, le mot, le dialogue et le roman*[77] pubblicato nel 1967 da Julia Kristeva. La psicologa e critica letteraria francese ne fa riferimento in questi termini: «ogni testo si costituisce come mosaico di citazioni, ogni testo è assorbimento e trasformazione di un altro testo. Al posto della nozione di intersoggettività si pone quella di intertestualità, e il linguaggio poetico si legge per lo meno come "doppio"»[78]. Questo termine verrà ripreso da più autori e ridefinito. Legata alla concezione postmoderna è l'interpretazione di Eco (1979): il testo è «una macchina pigra» che richiede continuamente l'intervento del lettore nella cooperazione per la definizione del suo significato. Il testo è quindi una costruzione, un artificio dell'autore fatto in modo da permettere un lavoro attivo da parte del fruitore. Dunque, un testo scritto male – con scarsa sapienza retorica e compositiva da parte dell'autore –

---

76 Andrea Balzola, Paolo Rosa, *L'arte fuori di sé*, Feltrinelli serie bianca, Aprile 2011, cit., p. 49

77 Traduzione italiano è del 1978 e si trova nella raccolta di saggi di J. Kristeva intitolata *Semiotikè. Ricerche per una semanalisi*, Milano, Feltrinelli; in part. Cfr. in part. Il saggio La parola, il dialogo e il romanzo, pp.119-143

78 Andrea Bernardelli, *La rete ipertestuale. Percorsi tra testi, discorsi e immagini*, milano, morlacchi editore, 2010, p. 10. si veda anche: julia kristeva, Semeiotiké: recherches pour une semanalyse, Paris, Seuil, 1969, tr it., *Semiotiké. Ricerche per una semianalisi*, Milano, Feltrinelli, 1978, pp. 119- 143, qui p. 121

potrebbe non essere in grado di garantire l'elaborazione di un significato per lui interessante. Di conseguenza il lettore, annoiato, chiuderebbe il libro. Il processo di cooperazione testuale tra l'opera e il lettore prevede, in realtà, l'attivazione di un diverso grado di competenza, differenti conoscenze e saperi[79]. Per comprendere le potenzialità di un ipermedia è importante considerare che la loro struttura non sequenziale permette di acquisire ed organizzare conoscenze in modo simile a quanto avviene elaborato dalla mente umana. In quest'ottica, il computer – che associa la parola scritta alle immagine e al suono – rappresenta il modo naturale di apprendere. Infatti, la combinazione di più media all'interno della comunicazione evoca un apprendimento coinvolgente e multisensoriale, più simile alla modalità conoscitiva naturale[80]. L'ipertestualità genera curiosità e «fascino della scoperta»: l'informazione deve essere ricercata attraverso le scelte attuate dal fruitore e la continua interazione (fatta di dare e avere) tra utente e macchina. Il "navigare" in maniera inconsueta può determinare un maggior avvicinamento al contesto, rendendo il lettore più attivo nella fase di conoscenza e apprendimento[81]. Ad esempio, attraverso la digitalizzazione di un'opera d'arte è possibile realizzare delle animazioni da sovrapporre alla riproduzione digitale dell'opera stessa e consentire all'utente di visualizzare alcuni processi improponibili in un manuale cartaceo. Da circa quattromila anni i testi lineari hanno svolto una posizione dominante nell'essere portatori delle informazioni di importanza vitale. Come abbiamo visto nel *Capitolo Primo*, con la nascita della scrittura ha inizio la «storia». Prima le informazioni erano mediate da mezzi di comunicazione differentemente strutturati, in particolare dalle immagini. Sebbene il testo abbia avuto un periodo di predominio, le immagini hanno

---

79   Umberto Eco, *Lector in fabula*, Milano, Bompiani, 1979, p. 51
80   Devoti, *Oltre la parola…*, p. 48
81   Ivi, p. 47

continuato a mettere in discussione tale supremazia. Si potrebbe affermare che i testi lineari abbiano svolto, nell'esistenza dell'uomo, un ruolo transitorio e che oggi si sia ritornati alla comunicazione primitiva costituita dalla bidimensionalità, dall'immaginario e dal "virtuale". L'universo delle nuove immagini tecniche, però, si comporta diversamente: queste si fondano proprio sui testi, sono prodotte a partire dal linguaggio lineare-testuale e non rappresentano delle autentiche superfici, ma dei puzzle composti da elementi puntuali ed eterogenei; ci troviamo di fronte ad una vera e propria «rivoluzione culturale»[82].

Secondo la filosofa francese Christine Buci-Glucksmann, l'interfaccia dello schermo consentirebbe una nuova «scena della scrittura». Questo «essere ibrido» è la pagina video dello schermo nella quale le immagini, i testi, le animazioni e i segni possono apparire e scomparire. È come se le nuove tecnologie incoraggiassero un ritorno al pittogramma, a dei modelli di scrittura che possiamo definire «orientali», a tutto ciò che in Occidente non ha mai smesso di rievocare l'immagine come passaggio di frontiere, come una scena costituita[83].

Devoti sostiene che «[...] l'autore che crea un'opera deve avere un'intrinseca comprensione di come il *lettore* utilizzerà il materiale e deve permettergli di gestirlo liberamente secondo i propri interessi. L'ipertestualità può, quindi, favorire un atteggiamento attivo, esplorativo, di ricerca e di approfondimento – necessario alla crescita umana – da parte del fruitore»[84].

---

82   Vilém Flusser, *Immagini. Come la tecnologia cambia la percezione del mondo*, Roma, Fazi Editore, 2009, pp. 7-9
83   Andrea Balzola, Annamaria Monteverdi, *New media digitali...* cit., p. 554
84   Devoti, *Oltre la parola...* cit., p. 47

Landow precisa la differenza tra le narrazioni non sequenziali (approfondita da Laurence Sterne[85] e Proust, fino ai contemporanei Borges, Graham Swift e Penelope Lively) e le narrazioni ipertestuali, di cui sono in qualche misura anticipatrici: questa consiste soprattutto nella maggior libertà e nel maggior potere del lettore. È Swift a stabilire il momento in cui il racconto di Tom Crick si ramifica, ma in *Afternoon* (1991) di Michael Joyce è il lettore a prendere questa decisione. Anche se entra da un unico punto determinato dall'autore, il lettore ha la possibilità di scegliere l'uno o l'altro percorso e richiama un'altra lessia in vari modi, e ripete questo processo finchè non trova un buco o un dislivello. A questo punto può anche tornare indietro e prendere un'altra direzione. Potrebbe anche scrivere qualcosa lui stesso, o richiamare un brano di un altro autore che viene in mente. Con *Afternoon*, afferma Joyce, «[...]volevo semplicemente creare un romanzo che cambiasse ad ogni lettura»[86]. E, in effetti, il racconto sembra non offrire mai la stessa pagina per più di una volta. Il

---

85 *Vita e opinioni di Tristram Shandy*, gentiluomo (1760-1767): considerato un antiromanzo in quanto rompe completamente con le convenzioni del romanzo tradizionale, attraverso le digressioni nella narrazione, l'uso innovativo della cronologia (flashback/flashforward) l'assenza di una vera e propria trama. Viene considerato anche un metaromanzo, in quanto all'interno troviamo riflessioni sui processi narrativi di scrittura e sulla natura del romanzo in sé. Gli elementi che sono stati recepiti in misura maggiore riguardano la struttura del romanzo, come la tecnica della digressione, quella dello spostamento, e i frequenti appelli al lettore, ma soprattutto il ricorso alla metanarrazione, cioè ai commenti dell'autore a proposito della propria scrittura e della letteratura in generale. In realtà la struttura del romanzo è il risultato di un attento connubio tra episodi primari e secondari: gli eventi principali della storia di Tristram, infatti, sono ritardati da discussioni, dialoghi, racconti e digressioni, che solo in apparenza risultano non pertinenti o sgradevoli al lettore, ma che effettivamente sono il vero collante del romanzo. Per approfondimenti: http://www.gutenberg.org/files/1079/1079-h/1079-h.htm

86 Michael Joyce, *Of Two Mind: Hypertext Pedagogy and Poetics*, University of Michigan Press, Ann Arbor, 1994, p. 31. Si veda anche: Balzola, Monterverdi, *New media digitali...* cit., pp. 529-530

romanzo di Joyce rappresenta una nuova modalità di costruire un testo che non forza in alcun modo il lettore a seguire una particolare direzione. Per contro, come indicato nel *paragrafo 4.1.3*, vi è un alto rischio di perdersi, poichè per un lettore tradizionale il paesaggio testuale è alquanto insolito.[87] Con il formato ipertestuale il racconto si libera delle diramazioni che la carta stampata obbligava a troncare o a selezionare accuratamente: pensieri, ricordi, curiosità e testimonianze.

In questa modalità la narrazione è più vicina a come l'aveva immaginata il suo autore, e il lettore, al tempo stesso, può soddisfare le proprie curiosità e dare alla storia lo sviluppo che preferisce. Possiamo distinguere due tipi di libertà permessi dalla *hyperfiction*, a cui corrispondono due aspetti dell'apertura: la possibilità di seguire percorsi differenti e la concessione di margini di interpretazione più ampi. Cambia il modo classico di fare narrativa che era rimasto immutato dai tempi di Aristotele. La *hyperfiction* è uno dei prodotti più rappresentativi di questo clima culturale, in quanto capace di esibire apertura sia sul piano strutturale che interpretativo. In particolare nelle arti contemporanee si è sviluppato un sempre maggiore interesse nei confronti del possibile e dell'indeterminato: […] un'opera d'arte così concepita non obbliga il fruitore a ricostruire in maniera univoca la rete di effetti comunicativi che gli viene proposta, ma presenta molteplici possibilità di approccio e percorsi interpretativi e, allo stesso modo, esiti comunicativi molteplici ed indeterminabili a priori (Orfei, 2009). Quello che viene valorizzato in questa modalità è l'apertura dell'opera: la sua disponibilità a essere integrata, nella realizzazione o nella fruizione, e quindi prendere questa decisione. Anche se entra da un unico punto

---

87 Si veda: Fabio Orfei, *Ipertesto: definizioni e storia*, 2009, in http://infolet.it/files/2009/09/abstract_orfei.pdf

determinato dall'autore, il lettore ha la possibilità di scegliere l'uno o l'altro percorso e richiama un'altra lessia in vari modi, e ripete questo processo finchè non trova un buco o un dislivello. A questo punto può anche tornare indietro e prendere un'altra direzione.

4.2.2 Multimedialità

Il computer negli anni Ottanta diviene il veicolo adatto per lo sviluppo della multimedialità intesa come «[...] utilizzo integrato di diverse forme di comunicazione (media) in un'unica esperienza percettiva e culturale, nella quale testi, immagini, video, animazioni e suoni interagiscono simultaneamente»[88]. Tale concezione porta anche alla necessità di raccogliere le informazioni in un unico supporto fisico, utilizzando gli stessi canali di trasmissione[89]. La storia della multimedialità è abbastanza recente e il suo sviluppo si è avuto soprattutto negli ultimi quindici anni. La fase di attuazione inizia con gli anni Sessanta e s'incrementa con le missioni spaziali che consentono di produrre immagini su cui furono eseguite elaborazioni digitali per correggere le distorsioni geometriche e migliorare la qualità[90]. La multimedialità, o multimedia, secondo Blasi, costituisce un tratto specifico dell'ipermedia, in quanto capacità di sintesi

88 Daniele Biella, *Dalla multimedialità alle comunità virtuali*, Università degli Studi di Bergamo, Facoltà di Lettere e Filosofia, 5 aprile 2006, in http://dinamico2.unibg.it/lazzari/santiago_de_compostela/daniele_biella/cap1.htm. Il testo è ripreso da: Giulio Lughi, *Parole on-line, dall'ipertesto all'editoria multimediale*, Milano, Guerini, 2001, p. 21

89 Cristoforo Bertuglia, Francesca Bertuglia, Agostino Magnaghi, *Il museo tra reale e virtuale*, Roma, Editori Riuniti, 2000, p. 156

90 Riccardo Fragnito, *Nuovi linguaggi: tra presente e assenza*, in Multimedialità Cultura Educazione, a cura di Giuseppe Acone, Brescia, Editrice La Scuola, 1995, p. 70

di «media» diversi[91]. Il termine indica l'integrazione di più codici espressivi (testi, suoni, musiche, voci, ricostruzioni 2D e 3D, video, grafica, animazioni, fotografie) per realizzare un unico prodotto. Con questa definizione ci troviamo di fronte a due modi di considerare il multimedia: da una parte, abbiamo una «multimedialità centrifuga» che rappresenta un prodotto composto dall'integrazione di media diversi (ad esempio un libro che unisce testo e immagini); dall'altra, una «multimedialità centripeta», o «multicodicalità», la quale si basa sull'integrazione di codici comunicativi ed espressivi (come nel caso di un CD-Rom che integra immagini, suoni e video per comunicare il medesimo argomento)[92]. Maragliano (1996), nel definire la multimedialità, sottolinea l'erroneità nel considerare il computer come suo unico veicolo di trasmissione, in quanto risulterebbe piuttosto penalizzante per quanto riguarda l'aspetto culturale: esiste una multimedialità costituita dall'incrocio di più media che veicolano messaggi in modo diverso. La multimedialità, oltre a introdurre un nuovo criterio per la diffusione e fruizione dell'arte, inserisce una valenza narrativa considerevole, al punto che stiamo passando – come ha affermato Rosa nel 2009 – da un'idea di «musei di collezione» a quella dei «musei di narrazione»[93]. La cultura multimediale porta con sé una grande capacità di raccontare, in quanto frutto di un contesto che deriva considerevolmente dall'esperienza cinematografica. L'interattività permette al visitatore di porre delle domande a un testimone del passato o a lui stesso contemporaneo. Se

---

91 Blasi, *Internet. Storia e futuro di un nuovo medium...* cit., p. 70
92 Cotti, Roncaglia, *Il mondo digitale...*, cit., pp. 323-324
93 Luoghi dove non si raccolgono collezioni, ma il bene esposto è a carattere immateriale e non tangibile come i ricordi, le memorie e le testimonianze. Che come si può immaginare implica un grande lavoro sul sociale, che d'ora in poi, impegnerà la nostra attività occupandosi di "luoghi partecipati e collaborativi" e "stazioni della creatività o creative". Intervista al collettivo Studio Azzurro, 2010, di Alessandra Possamai

l'opera risponde attraverso l'interfaccia, raccontando una storia, la sta raccontando a quel visitatore, in quel determinato momento: in questo caso si parla di «oralità dinamica». Siamo quindi di fronte alla possibilità di «creare dei musei in cui il visitatore non è colui che va a vedere, ma colui che va a partecipare»[94]. Tutto avviene nella dimensione partecipativa mettendo l'utente nella condizione di parlare direttamente con l'opera d'arte, i soggetti rappresentati e l'autore. Infatti, la caratteristica fondamentale è la totalità: il testo multimediale si presenta come l'unione di elementi distinti (visivi, sonori, interattivi), la cui complementarietà genera un prodotto distinto dalla semplice somma dei medium. Nel momento dell'interazione, gli elementi di un testo multimediale, siano essi immagini, testi, suoni o animazioni, mutano la loro natura originaria. All'idea di totalità si affianca però la caratteristica di «opera aperta» fornita da Umberto Eco[95].

4.2.3 Interattività e interazione

Come sottolineato in precedenza, l'interattività è una delle caratteristiche fondamentali dei nuovi media poiché riguarda la relazione macchina-uomo. Tuttavia si deve prestare attenzione a distinguerla dal concetto d'interazione: con

---

94 Paolo Rosa, *Multimedialità e ambienti sensibili*, in *La multimedialità da accessorio a criterio...* cit., pp. 76-78. Si veda anche: Andrea Balzola, Paolo Rosa, *L'arte fuori di sé*, Milano, Feltrinelli, 2011
95 Con questo termine si intende la polisemicità degli ipertesti e della rete: il senso di questo tipo di opera non è dato in modo esclusivo dall'autore, ma emerge, da una parte, della struttura creata dall'autore e, dall'altra, dall'interpretazione data dal lettore. L'opera aperta, o «in movimento», è un'opera in divenire che si trasforma nella lettura, sebbene all'interno di un campo di possibilità predefinite e create dall'autore. Tozzi, *Dal multimedia alla rete...* cit., pp. 217-218

il termine interattività, Paolo Rosa si riferisce a un'interazione «intercettata», durante la quale i dati ricevuti vengono decontestualizzati e organizzati in un altro spazio (database). Mentre nell'interazione la comunicazione tra gli interlocutori è diretta, nell'interattività il rapporto "uno a uno" viene violato[96]. Lo stesso Rosa ha affermato che in un lavoro ipermediale, già nella sua fase progettuale, l'autore deve poter prevedere una possibile reazione da parte del fruitore. Quest'ottica "ribaltata" comporta la necessità di rinforzare i codici di un'estetica tradizionale, attraverso i quali si analizzano le opere proposte: il punto di vista non è più l'opera trasmessa ma la reazione dello spettatore nello spazio di fruizione. Per Rosa il centro di interesse non è più il mero oggetto d'arte, ma l'azione (mentale o reale) del fruitore nei confronti dell'opera stessa che, trasformandosi in componente espressiva, determina un'emozione da parte del pubblico. Per questo vi è l'esigenza di elaborare un'«estetica delle reazioni» che dalla tradizionale contemplazione dell'opera si estenda all'introduzione di nuovi mezzi di comunicazione basati su una precisa finalità di fruizione[97]. Rosa e i membri di Studio Azzurro danno vita ad un contesto comunicativo che vede un'attiva e significativa partecipazione del fruitore all'interno di un impianto narrativo, ispirato a una multitestualità e ad una continua oscillazione tra elementi reali e virtuali. Attraverso un efficace strumento multimediale con

---

96 Paolo Rosa, *Multimedialità e ambienti sensibili. L'esperienza di Studio Azzurro*, in La multimedialità da accessorio a criterio... cit., p. 75. Studio Azzurro è stato fondato nel 1982 a Milano da un gruppo di artisti, i quali compiono un tipo di ricerca artistica che sfrutta i linguaggi offerti dalle nuove tecnologie (video-arte). Al gruppo dei fondatori, composto da Fabio Cirifino (fotografia), Paolo Rosa (arti visive e cinema) e Leonardo Sangiorgi (grafica e animazione), si unì, nel 1995, Stefano Roveda, esperto in sistemi interattivi. Performance teatrali e film. Oltre che in opere sperimentali, l'attività del gruppo si lega ad esperienze più divulgative e fruibili direttamente dagli utenti, come la progettazione di musei e di esposizioni tematiche. In merito si consulti il sito web http://www.studioazzurro.com.
97 Balzola, Monteverdi, *New media digitali...* cit., pp. 559-600

contenuto storico-artistico, non solo il fruitore ha la possibilità di esplorare dei percorsi personalizzati, ma anche la facoltà di "toccare con mano", di spostare o avvicinarsi alle opere, parlare con esse e interrogarle. Secondo De Rosa, l'alta interattività è una caratteristica che non deve mancare nelle nuove strategie comunicative: essa permette ai nuovi strumenti di diffusione della conoscenza di avere un valore aggiunto rispetto ai media tradizionali e di essere quindi più efficaci. È per questi motivi che ci si dovrebbe porre, già nella parte progettuale di un titolo ipermediale, la domanda su cosa deve avere il prodotto per offrire quei vantaggi rispetto al vecchio, caro e rassicurante libro, tali da convincere un lettore ad affidarsi ai più recenti mezzi di intrattenimento (ma anche di comunicazione)[98].

Interessante risulta la distinzione che Tozzi compie tra interattività di tipo (A) e interattività di tipo (B): la prima equivale alla scelta da parte del lettore di un percorso personalizzato disponibile tra la molteplicità offerta dall'autore; in questo caso l'atto "creativo" da parte del lettore non va oltre la struttura prefissata dall'autore; l'interattività di tipo (B) implica, invece, decentramento, ovvero la perdita di una centralità cui fare riferimento, in questo caso quella determinata dall'autore[99].

L'interattività è quindi vista come la caratteristica distintiva e dirompente dei nuovi supporti informatici. A differenza della televisione, dove lo spettatore partecipa in modo passivo subendo un percorso e una sequenzialità preconfezionati, davanti ai new media digitali lo spettatore diventa giocatore, pertanto è libero di scegliere il suo percorso tra i tanti possibili (interrompere la

---

98 De Rosa, *Supporti informatici per la cultura...* cit., pp. 32-33
99 Tozzi, *Dal multimedia alla rete...* cit., pp. 225-226. Si veda anche: Eco, *Lector in fabula...* cit., p. 48

sequenza, tornare indietro, ecc.)[100]. L'interazione che avviene tra macchina e utente permette di navigare nell'ipermedia con una maggiore liberà di apprendimento rispetto alla sola ricezione passiva di dati informativi. I due elementi base che la caratterizzano sono il ruolo attivo del fruitore e la personalizzazione dei percorsi di fruizione[101]. In base al grado di interattività gli ipertesti sono distinti in chiusi e aperti: i primi non lasciano la possibilità di porre delle modifiche e sono, quindi, protetti (CD-Rom e App per iPad); i secondi permettono all'utente di agire da attore e di arricchire i contenuti (siti web)[102]. In un'intervista del 1999, Dario Accanti considera l'interattività, più che la multimedialità, come caratteristica fondamentale dei nuovi media digitali.

> «Più che della multimedialità individuerei come caratteristica dei media digitali quella dell'interattività. Multimedialità è una parola che si è diffusa e che va bene perché funziona come definizione nel senso che è entrata nel linguaggio comune. Però multimediale è già la televisione e la multimedialità non è una caratteristica realmente nuova. È più nuovo il discorso sul fatto che di questi strumenti si possa fare un uso personalizzato. Ovvero io, utente di un sito Web piuttosto che di un CD-Rom, non sono costretto a vedere, a sfogliare un libro dall'inizio alla fine o a vedere un programma televisivo dall'inizio alla fine ma posso scegliermi un percorso personalizzato, andare a vedere ciò che mi interessa, costruirmi uno strumento ad hoc per quelli che sono i miei interessi [...]. È molto più importante che lui (lo studente) sappia muoversi, cosa cercare e che utilizzo fare di quello che ha trovato (nella rete) piuttosto che offrirgli delle informazioni su quando è nato un pittore piuttosto che su che cosa ha fatto. Questa informazione se la può andare a

---

100 Mattei, *Le radici dell'edutainment...* cit., p. 99
101 Antonio Calvani, *Iperscuola. Tecnologia e futuro dell'educazione*, Padova, Franco Muzzio, 1994, p. 10. Anche Joseph D. Novak parla del ruolo positivo dell'interattività nell'apprendimento: l'ambiente nel quale si trova ad apprendere l'utente è totalmente motivante, il coinvolgimento è diretto. Si veda: Joseph D. Novak, d. Bob Gowin, *Learning how to learn*, New York, Cambridge University Press, 1984, tr. it. a cura di Simona Caravita, *Imparando a imparare*, Torino, SEI, 2001 (1^ ed. 1989)
102 Devoti, *Oltre la parola...* cit., p. 46

112

cercare e la trova molto facilmente se lo sa fare in Rete o attraverso altri strumenti»[103]

4.3 Percorsi narrativi

La classificazione delle strutture ipertestuali prevede, inizialmente, l'identificazione di due grandi categorie:

- *ipertesti ramificati*: comprendono strutture arborescenti e multilineari,

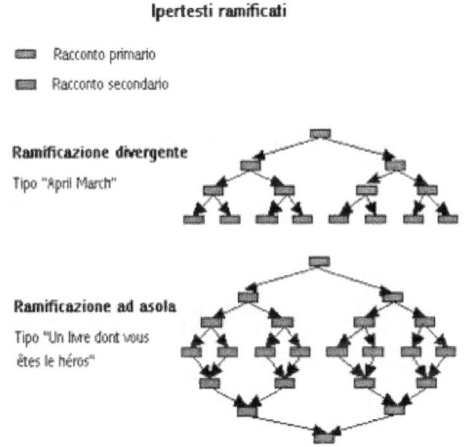

sono distinti in ipertesti a "ramificazione divergente", in cui le linee narrative si snodano in maniera indipendente le une dalle altre, dando vita a storie differenti, e ipertesti a "ramificazione ad asola", in cui le

103 Dario Accanti, *L'imprenditorialità multimediale*, intervista, in "Mediamente Rai", Biblioteca digitale, Milano, 1/10/99, in http://www.mediamente.rai.it/home/bibliote/intervis/a/accanti.htm

linee narrative hanno punti di convergenza e danno vita a più varianti di una stessa storia.

- *ipertesti combinatori*: sono distinti in "modello combinatorio

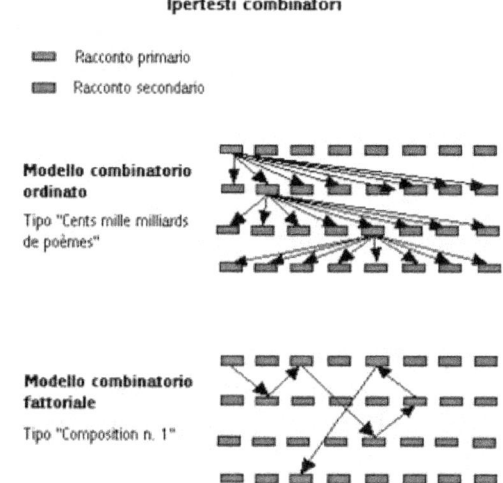

ordinato", in cui è mantenuta una coerenza enunciativa attraverso la suddivisione della struttura testuale in classi di elementi combinabili in un ordine stabilito, e in "modello combinatorio fattoriale", in cui si riduce il testo ad una sequenza di frammenti che possono essere letti in un ordine qualsiasi.

Esiste nella reticolarità ipertestuale un'altra distinzione da evidenziare nell'opposizione tra i link unidirezionali e i link bidirezionali: da un punto di vista tecnico, i primi permettono di passare da una schermata all'altra, mentre i secondi provocano l'apertura di una seconda finestra senza abbandonare lo schermo principale. Da un punto di vista discorsivo, i link unidirezionali determinano lo sviluppo narrativo, mentre i link bidirezionali autorizzano quelle che la retorica classica chiama "digressioni"[104]. Clément parla in proposito anche di "biforcazione" e "inciso" definendo la prima come dei link unidirezionali che determinano le linee del racconto, il secondo come link bidirezionali che non modificano la linea portante del racconto e che tornano al punto di partenza.

Lo studio delle strutture narrative reticolari è approfondito da Mark Bernstein che identifica, oltre ai modelli di "sequenza" e "albero" descritti da altri studiosi, alcuni modelli ricavabili dall'osservazione degli ipertesti narrativi pubblicati in Rete o su Cd-Rom. Si tratta di pattern di lessìe, basati su principi di organizzazione spaziale, che consentono alla critica di andare oltre le rappresentazioni retorico-centriche dominanti[105]. Per Bernstein, infatti, la struttura dell'ipertesto non risiede esclusivamente nella topologia dei collegamenti né nel linguaggio dei singoli nodi, e quindi bisogna lavorare alla costruzione di modelli attraverso osservazione sia topologica che retorica. Bernstein ritiene che lo sviluppo di un vocabolario adatto a descrivere tali strutture osservabili in reali ipertesti aiuterebbe nella formulazione di interrogativi e congetture, in vista di una critica più efficace[106]. La creazione di nuovi strumenti in grado di rappresentare le strutture ipertestuali consentirebbe agli autori e ai lettori o ai critici di percepire, manipolare e capire i modelli dei

---

104 Elementi di poetica Ipertestuale: http://www2.unibo.it/boll900/numeri/2001-i/W-bol/Clement/Clementtesto.html
105 Mark Bernstein, Patterns of Hypertext: www.eastgate.com/patterns/Patterns.html
106 M. Bernstein, cit. "By developing a richer vocabulary of hypertext structure, and basing that vocabulary on structures observed in actual hypertexts, we can move toward a richer and more effective hypertext criticism, one that can move beyond the presentation-centered rhetoric so prevalent in current discussions of the Web. Simple names help us formulate concise queries and conjectures"

loro ipertesti e tale consapevolezza di usare modelli di riferimento potrebbe portare autori ed editori verso progetti più razionali, sistematici e sofisticati.

I modelli descritti da Bernstein non sono ideati in astratto ma ricostruiti a partire da ipertesti osservati sul Web e soprattutto da ipertesti pubblicati singolarmente su CD-Rom, capaci di consentire collegamenti dinamici, difficilmente esperibili sul Web, ma su cui è possibile basare alcuni significativi modelli. In ogni caso, si tratta di modelli di strutture che, nei lavori osservati, si trovano spesso combinati insieme nel senso che un singolo nodo o collegamento può partecipare di diverse strutture intersecate. Una carrellata riassuntiva può illustrare schematicamente il lavoro di Bernstein.

Nel *Ciclo* (*Cycle*), il lettore ritorna al nodo precedentemente visitato e alla fine si allontana su un nuovo percorso. I *Cicli* creano ricorrenza e così esprimono la presenza di struttura. La ripetizione ciclica inoltre modula l'esperienza dell'ipertesto, enfatizzando punti chiave e relegando altri allo sfondo. Rivisitare una scena precedentemente visitata, può di per sé fornire una esperienza nuova perché il nuovo contesto può cambiare il significato di un passaggio anche se le parole rimangono le stesse. La ripetizione misurata e pianificata può rinforzare il messaggio dell'autore: sommari di fine capitolo e ritornelli di ballate, per esempio, sono caratteristiche comuni della letteratura pedagogica della cultura orale e scritta. I *cicli* così prestano se stessi non solo ad una varietà di effetti post-moderni, ma anche a motivi editorialmente familiari. Nel *Ciclo di Joyce*, il lettore ripercorre una parte dell'ipertesto precedentemente visitata e continua lungo una traiettoria precedentemente attraversata.

Un *Contour* si crea quando i cicli si urtano l'uno contro l'altro, permettendo libero movimento all'interno e tra i sentieri definiti da ogni ciclo. Il movimento tra i cicli di un *contour* è facile, e infrequenti collegamenti permettono un più ristretto movimento da un *contour* ad un altro.

Nel *Contrappunto* (*Counterpoint*), due voci si alternano, interlacciando temi o saldando insieme temi e risposte. Il *Contrappunto* spesso dà un chiaro senso di struttura, una risonanza di chiamata e risposta che ricorda nello stesso tempo la liturgia e il dialogo casuale. Spesso il *Contrappunto* emerge naturalmente dai racconti personaggio-centrici, quando si struttura un parallelo tra memorie e presente o tra pensieri e azioni del personaggio. Si può riscontrare contrappunto anche tra due personaggi, quando si struttura un parallelo tra le lessìe dedicate all'uno e le lessìe dedicate all'altro.

I *Mondi Specchio* (*Mirrorworlds*) forniscono una narrativa parallela o intertestuale che adotta una voce differente o una prospettiva contrastante. Il Mondo Speculare echeggia un tema o una esposizione centrale, amplificandolo o elaborandolo in modi irrealizzabili all'interno del filo principale. Dove il Contrappunto intesse voci differenti di uguale (o quasi uguale) peso all'interno di una singola esposizione, il Mondo Speculare stabilisce una seconda voce che separatamente corre parallela (o parodizza) l'esposizione principale.

Il *Groviglio* (*Tangle*) confronta il lettore con una varietà di collegamenti senza fornire sufficienti idee per guidarne la scelta. I Grovigli possono essere usati puramente per il loro valore come divertimenti intellettuali, ma possono anche comparire in ruoli più

117

seri. In particolare, i grovigli possono aiutare a disorientare intenzionalmente i lettori per renderli più ricettivi a nuovi argomenti o conclusioni inaspettate.

 I *Setacci* (*Sieves*) smistano i lettori attraverso uno o più strati di scelta per dirigerli verso capitoli o episodi. Sono spesso alberi, e, se la scelta è informata e strumentale, diventano alberi decisionali. I setacci non hanno bisogno di essere rappresentati da gerarchie esplicite, ma possono essere mostrati attraverso espedienti grafici come, ad esempio, spazi tridimensionali che riproducono ambienti.

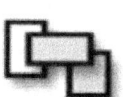 Nel *Fotomontaggio* (*Montage*), diversi spazi di scrittura distinti appaiono simultaneamente, rinforzando l'un l'altro mentre mantenendo, allo stesso tempo, le loro identità separate. Il Fotomontaggio è più frequentemente effettuato tramite finestre sovrapposte che stabiliscono connessioni attraverso i confini di espliciti nodi e collegamenti.

 Il modello *Divisione/Giunzione* (*Split/Join*) ricuce due o più sequenze insieme. La *Divisione/Giunzione* è indispensabile per narrative interattive in cui l'intervento del lettore cambia il corso degli eventi. Se ogni decisione cambia ogni cosa che accade in seguito, l'autore non può permettere al lettore di prendere molte decisioni e allo stesso tempo mantenere il lavoro entro confini gestibili. Le divisioni permettono alla narrazione di dipendere dalla scelta dei modelli di Bernstein, può riguardare i personaggi e la loro caratterizzazione, l'ambientazione spazio-temporale, il narratore e i gradi di focalizzazione.

Il potenziamento dell'analisi dei caratteri e dell'introspezione psicologica derivanti dalla moltiplicazione dei punti di vista avrà effetto anche sulla costruzione degli episodi e sulla loro caratterizzazione linguistica o stilistica:

118

ognuno di essi, costituendo un "nodo" accessibile da diverse direzioni, dovrà avere un carattere di autosufficienza, per essere pronto ad agganciarsi a più valenze narrative. Un racconto ipertestuale richiederà, quindi, una cura particolare in quanto ogni nodo deve salvaguardare la coerenza narrativa di tutte le storie che lo attraversano. I modelli esemplificati da Bernstein forniscono lo spunto per affermare che "alcuni di questi pattern, come il ciclo, limitano esplicitamente i movimenti del lettore, facendolo ritornare su lessìe già lette, ma altri, come il contrappunto o il mondo-specchio, pur rimanendo strutturalmente "aperti", richiedono, per la loro corretta fruizione, un determinato tipo di spostamenti. In presenza, ad esempio, di un contrappunto tra due personaggi, nel quale le lessìe relative all'uno vengono messe in parallelo con quelle dell'altro, il lettore può sì saltare quando vuole dall'uno all'altro dei fili narrativi, ma è presumibile che se decidesse di seguire solo il primo ignorando del tutto il secondo si limiterebbe, in un certo senso, ad usare il testo in questione"[107].

Messi di fronte ad uno strumento che promette di ridistribuire i ruoli che da secoli regolano le pratiche della scrittura e della lettura, sembra proprio che il nostro problema sia diventato quello di progettare, più che una strategia della scrittura, una strategia della lettura. Compito certo non agevole, ma che potrebbe essere assolto elaborando un'organizzazione rigorosa degli insiemi che costituiscono l'universo da navigare. del lettore per una estensione limitata, riportando più tardi il lettore al nocciolo centrale con una giunzione.

A volte un ipertesto può suggerire con allusioni, iterazioni ed ellissi la presenza di un *Anello Mancante* (*Missing Link*), un luogo dove non è possibile navigare che, proprio per questa sua inaccessibilità può apparire particolarmente attraente. L'*Anello Mancante* è un motivo comune, se non universale,

---

107 P. Ciarfaglia, Seminari sugli ipertesti tenuti dalla www.dsc.unibo.it

dell'ipertesto, in quanto la scelta di navigazione richiede al lettore di immaginare non solo cosa potrebbe apparire sulla pagina scelta, ma anche cosa sarebbe potuto apparire se avesse seguito un collegamento differente. La carrellata sui pattern ipertestuali identificati da Bernstein mostra anche le possibilità di ricontestualizzazione delle lessìe su cui si basa l'apertura interpretativa. La rottura della linearità comporta la possibilità di inserire uno stesso brano di testo in catene differenti evidenziandone le molteplici sfaccettature e le possibili riletture, producendo diversi significati o maggiori connotazioni ad ogni successivo passaggio. La ricontestualizzazione, come emerge dalla ricostruzione dei modelli di Bernstein, può riguardare i personaggi e la loro caratterizzazione, l'ambientazione spazio-temporale, il narratore e i gradi di focalizzazione.

Il potenziamento dell'analisi dei caratteri e dell'introspezione psicologica derivanti dalla moltiplicazione dei punti di vista avrà effetto anche sulla costruzione degli episodi e sulla loro caratterizzazione linguistica o stilistica: ognuno di essi, costituendo un "nodo" accessibile da diverse direzioni, dovrà avere un carattere di autosufficienza, per essere pronto ad agganciarsi a più valenze narrative. Un racconto ipertestuale richiederà, quindi, una cura particolare in quanto ogni nodo deve salvaguardare la coerenza narrativa di tutte le storie che lo attraversano. I modelli esemplificati da Bernstein forniscono lo spunto per affermare che "alcuni di questi pattern, come il ciclo, limitano esplicitamente i movimenti del lettore, facendolo ritornare su lessie già lette, ma altri, come il contrappunto o il mondo-specchio, pur rimanendo strutturalmente "aperti", richiedono, per la loro corretta fruizione, un determinato tipo di spostamenti. In presenza, ad esempio, di un contrappunto tra due personaggi, nel quale le lessìe relative all'uno vengono messe in parallelo con quelle dell'altro, il lettore può sì saltare quando vuole dall'uno all'altro dei fili narrativi, ma è presumibile che se decidesse di seguire solo il primo ignorando del tutto il secondo si limiterebbe, in un certo senso, ad usare il testo in questione"[108].

Messi di fronte ad uno strumento che promette di ridistribuire i ruoli che da secoli regolano le pratiche della scrittura e della lettura, sembra proprio che il nostro problema sia diventato quello di progettare, più che una strategia della scrittura, una strategia della lettura. Compito certo non agevole, ma che potrebbe essere assolto elaborando un'organizzazione rigorosa degli insiemi che costituiscono l'universo da navigare.

4.3.1 HyperFiction: i primi esperimenti

Dal 1965 al 1992, prima a opera di Ted Nelson e poi con Tim Berners-Lee, si susseguono una serie di tentativi, più o meno riusciti, di sviluppare l'ipertestualità dal punto di vista tecnologico. Le implicazioni testuali dello sviluppo di uno spazio semantico sembrano essere chiare a Nelson più che a Berners-Lee, essendo quest'ultimo più interessato agli aspetti tecnologici che letterari connessi allo sviluppo di un ambiente virtuale. Nelson sostiene che esistono delle difficoltà nella scrittura sequenziale di un testo. Queste, risiedono nella necessità da parte dell'autore di operare una scelta fra gli argomenti da presentare che, allo stesso tempo implica un processo di inclusione e di esclusione sia di lessìe che di concetti. Attraverso l'ipertesto si eliminano queste difficoltà, perché la scelta si sposta dalle sequenze da presentare, alla struttura connettiva degli elementi da articolare.

---

108 P. Ciarfaglia, Seminari sugli ipertesti tenuti dalla www.dsc.unibo.it

Non serve più decidere cosa inserire e cosa scartare, perché ciò che occorre è individuare "dove in un labirinto esplorabile, sistemare le cose"[109]. Nella formulazione e profetizzazione di una struttura connettiva di lettura, Nelson concepisce la rivoluzione del lettore/attore: il passaggio da una lettura attiva, la dissoluzione della triade Autore-Editore-Lettore, i personaggi principali della Galassia di Gutenberg. La ricerca di una forma di integrazione tra autore e fruitore dei testi è già rinvenibile in alcuni romanzi del Novecento. Quando Italo Calvino[110] scrive nell'incipit:

"Stai per cominciare a leggere il nuovo romanzo Se una notte d'inverno un viaggiatore di Italo Calvino. Rilassati. Raccogliti. Allontana da te ogni altro pensiero. Lascia che il mondo che ti circonda sfumi nell'indistinto. La porta è meglio chiuderla; di là c'è sempre la televisione accesa. Dillo subito agli altri: «No, non voglio vedere la televisione!». Alza la voce, se no non ti sentono: «Sto leggendo! Non voglio essere disturbato!» Forse non ti hanno sentito, con tutto quel chiasso; dillo più forte, grida: «Sto cominciando a leggere il nuovo romanzo di Italo Calvino!» O se non vuoi non dirlo; speriamo che ti lascino in pace. [...]"

e nell'explicit:

" [...] Ora siete marito e moglie, Lettore e Lettrice. Un grande letto matrimoniale accoglie le vostre letture parallele. Ludmilla chiude il suo libro, spegne la sua luce, abbandona il capo sul guanciale, dice: - Spegni anche tu. Non sei stanco di leggere? E tu: - Ancora un momento. Sto per finire Se una notte d'inverno un viaggiatore di Italo Calvino"

---

109 T.H. Nelson, *Literary Machine 90.1,il progetto Xanadu*, Muzzio, Padova, 1992, p.17
110 I. Calvino, *Se una notte d'inverno un viaggiatore*, Einaudi, Torino, 1979

sta in qualche modo cercando di "bucare" il foglio per trasformare una semplice lettura in un processo che dia vita ad un'interazione simbolica tra rappresentazione e comunicazione della scrittura. Se, come sostiene Barthes (1953, p.12) "la scrittura è una funzione essa è il rapporto tra la creazione e la società, è il linguaggio letterario trasformato dalla sua destinazione sociale", qui diventa una realtà ambigua, facendosi portavoce del bisogno di passare da un grado zero ad un grado generativo, con un "carattere mutante, provvisorio temporaneo del modo con cui il lettore fa delle singole lessìe il temporaneo centro del proprio spostamento attraverso uno spazio informativo"[111]. Il passaggio dai caratteri mobili ai supporti magnetici della Galassia Internet sui quali vengono registrati gli ipertesti permette di bucare il foglio, sgretolando la fissità della triade gutenberghiana. A partire da questa descrizione, i tratti individuati come garanti di un'espserienza attraverso il testo, sembrano ricondursi a:

1. *l'interattività*: il fruitore ha la possibilità di inter-agire con l'opera;

2. *la non-linearità*: il testo è progettato e costruito per più letture alternative

3. *la combinatorietà*: il testo è il risultato di tecniche miste di composizione (collage, artifici linguistici o retorici, associazioni di idee);

4. *la navigazione*: il testo è orientato a uso esplorativo, come se potesse permettere di "scoprire" qualcosa di inatteso, di imprevisto (anche da parte dell'autore stesso);

5. *il processo*: il testo è una forma di performance, il risultato di un'attività che va oltre gli elementi che lo compongono;

---

111 Landow, 1992, p. 69

6. *l'apertura*: il testo è aperto a forme di interpretazione, lettura, uso che non sono determinate in modo definitivo dall'autore.

Questi elementi non sempre sono tutti rintracciabili e non sempre sono distinguibili l'uno dall'altro.

La prima forma di ipertesto narrativo, si è avuta nel 1987 ad opera di Michael Joyce che con il software *Storyspace* sviluppato da lui stesso con altri collaboratori (tra i quali Jay David Bolter), realizza *Afternoon, a story*, quello che viene universalmente indicato come il primo vero ipertesto narrativo (Landow, 1992). Attualmente *Storyspace* è sviluppato dalla *Eastgate System* sotto la supervisione di Mark Bernestein[112].

La narrazione di *Afternoon, a story* è composta da 588 blocchi di testo affidati alla letteratura interconnessa del lettore che sceglie liberamente il percorso seguendo link. Non c'è una vera e propria trama. Il lettore è invitato a seguire le indagini di un padre che cerca di scoprire se il figlio è rimasto coinvolto in un incidente automobilistico. Di seguito l'incipit :

Provo a richiamare alla memoria l'inverno. <Come se fosse ieri> lei disse, ma a me non importò comunque.

Per le cinque il sole era tramontato e il pomeriggio si era sciolto in gelate lungo l'asfalto in polpi di cristallo e palate di ghiaccio – fiumi e continenti pieni di paura, e noi uscimmo dall'auto, con la neve che brontolava sotto gli stivali e le querce che esplodevano una dopo l'altra lungo la linea dell'orizzonte, proiettili sharpnel che si andavano sistemando come frammenti, con l'eco che risuonava forte e lontano nel ghiaccio. Questa era l'essenza della foresta, questi frammenti disse. E questa oscurità è aria.

---

112 Easgate: http://www.eastgate.com/storyspace/index.html

<Poesia> lei disse, senza emozioni, comunque.

Vuoi sapere di più?

A partire dalla prima lessìa (*Begin*) è il lettore che sceglie se vuole saperne di più della storia (cliccando su *Yes*), fermarsi (cliccano su *No*) o tornare indietro (*Back*). La lettura e la storia si concludono, infatti, quando il lettore si rende conto che la narrazione non progredisce e che le situazioni che gli vengono proposte non presentano più alcun interesse. Per potere avere molteplici storie all'interno dell'opera in conseguenza della navigazione, l'autore ha predisposto molti nodi e molti link che le uniscono. I nodi contengono dei testi brevi e frammentari, essi non raccontano storie o sequenze di avvenimenti, ma pensieri, immagini, senza una collocazione temporale precisa. Per lo stesso motivo ogni nodo è scritto in modo ambiguo, generico, senza indicare il soggetto o l'oggetto ma con dei semplici "io", "lui" o "lei". La lettura dell'opera risulta molto difficile, il lettore deve interpretare i vari nodi che incontra e impegnarsi a dare un senso alla loro sequenza, anche se a volte il senso non sembra essere presente nel testo. Per rendere ancora più evidente la richiesta dell'autore di un contributo attivo da parte del lettore alla costruzione del significato, Joyce ha deciso di non indicare in modo grafico le *hotword*[113] all'interno del testo. Questa assenza di chiari segnali, dice l'autore, non sono un tentativo di infastidire il lettore, ma piuttosto un invito a leggere in modo inquisitorio, giocoso e in profondità, e suggerisce di cliccare sulle parole che più interessano o invitano il lettore (peccato che non

---

113 Parole o stringhe a cui è associato un link, cliccando su una *hotword* si seguirà il link e si visualizzerà il nodo di destinazione

tutte le parole corrispondano a link). Esiste anche la possibilità di aprire una finestra che raggruppa tutti i link di uscita dal nodo su cui ci si trova e, volendo, di seguire uno qualsiasi di questi link. Ciò permette al lettore di verificare facilmente se sulla pagina ci sono delle *hotword* da seguire, piuttosto che cliccare ripetutamente ogni singola parola per vedere se porta a un nuovo nodo. È uso, nella comunità degli studiosi, parlare positivamente dell'esperimento di Michael Joyce, tuttavia aprire una finestra diversa dalla finestra del racconto significa uscire dal racconto stesso. Anche se strutturalmente l'opera ha forma di iper-romanzo, l'aspetto sopracitato rappresenta in realtà una sconfitta dell'ipertesto: porsi in una posizione esterna al racconto e guardare la sua struttura per scegliere una strada è quanto di più freddo e di più lontano da una lettura coinvolgente possa venire in mente.

A questo primo lavoro di Joyce ne sono seguiti altri pubblicati su supporti fissi e su Web. Intorno alla *Eastgate* si è creata una vera e propria scuola che raccoglie le figure carismatiche dello stesso Joyce, che ha pubblicato anche *Twilight: A Simphony* (1996) e *Twelve Blue*[114] (1996), e di Stuart Moulthrop, altro autore di fiction ipertestuale (*Victory Garden*, e su Web *Hegirascope*, nonché altre sperimentazioni che si possono trovare sul suo sito all'indirizzo http://raven.ubalt.edu/staff/moulthrop) e professore universitario. Tra le opere più interessanti ricordiamo *Patchwork Girl*, realizzato nel 1995 da Shelley Jackson con l'ausilio del software *Storyspace*, che prende spunto da una scena marginale del romanzo *Frankenstein*: il mostro chiede allo scienziato di creare per lui una compagna, anch'essa mostruosa, promettendo che con lei avrebbe condotto una esistenza appartata e pacifica. Il dottore inizialmente acconsente,

---

114 Twelve Blue disponibile all'indirizzo http://www.eastgate.com/TwelveBlue

ma poi, inorridito dalle possibili conseguenze, fa a pezzi la sua nuova creatura, ne raccoglie i resti in un cesto e li getta in mare. Jackson riprende e, letteralmente, riassembla le membra di questo personaggio abortito, che diviene protagonista della sua opera. *Patchwork Girl*, non è solo una rilettura al femminile di *Frankenstein* e neppure "uno dei tanti testi che riflettono l'estetica della frammentazione e dell'ibridismo; è un ipertesto il quale consente possibilità materiali e tecnologiche impensabili per una versione a stampa"[115]. Il testo è strutturato in cinque sezioni:

1. *Story*: riprende principalmente le vicende narrate in *Frankenstein*;

2. *Graveyard*: racconta la storia delle donatrici a cui sono stati asportati gli organi e le membra che costituiscono il corpo della protagonista[116] osserva come le donatrici appartengano a classi sociali umili e siano spesso figure eccentriche e marginali;

3. *Crazy Quilt*: è un collage di citazioni tratte da molte fonti, tra cui *Patchwork Girl of Oz* di L. Frank Baum[117]. Per quest'ultima, in particolare, si fa riferimento alla figura di Scraps, la bambola di pezza;

4. *Journal*: il diario di Mary Shelley, ci rivela come ella abbia dato vita al mostro femminile e ne sia poi divenuta l'amante;

5. *Body of Text*: ripercorre la vita del mostro, il suo viaggio in America e le sue disavventure fino alla morte per disintegrazione, intrecciando la narrazione con una serie di riflessioni sulla natura dell'ipertesto e del corpo umano.

---

115 Sánchez-Palencia Carazo 2006, p. 116
116 Ensslin 2005, p. 212
117 Le fonti narrative primarie a cui l'opera si ispira sono *Frankenstein* e *Patchwork Girl of Oz* (Baum 1913)

Nel testo, che integra e metabolizza critica e narrativa[118] si intrecciano quindi vari racconti, aventi diversi protagonisti e articolati a partire da differenti punti di vista; la focalizzazione, pertanto, è variabile e la diegesi assume molte forme. Il fatto che sia possibile individuare un intreccio è sicuramente rilevante, ma non deve trarre in inganno: si può infatti prendere in esame un singolo percorso o frammento come se fosse un testo a se stante, o privilegiare altre strade, legittimate dalle interconnessioni e dall'architettura complessiva.

L'ipertesto è infatti suddiviso in 326 lessìe, costituite alternativamente da testo e immagini, oltre che da 462 link. Tutte queste unità possono essere fruite indipendentemente l'una dall'altra, quasi a suggerire la possibilità di sottrarre il frammento, testuale e identitario, alle gerarchie del potere simbolico, ma vanno anche interpretate come tappe di un percorso di lettura ramificato, labirintico e, proprio per questo, idealmente, sempre aperto e mutevole. Tuttavia, la libertà di fruizione non è affatto infinita, ma al contrario è limitata proprio dagli strumenti informatici che la consentono.

Sulla scena più strettamente underground si muove invece Mark Amerika che anima la rivista elettronica ALT-X (http://www.alt-x.com), dalla quale si può accedere al suo progetto ipertestuale *Grammatron* (1997). Il progetto fa riferimento a quella nuova definizione di spiritualità nata in concomitanza con lo sviluppo dell'era elettronica e basata sulla concezione "associativa" della mente umana, capace di creare collegamenti e veri e propri percorsi tra un pensiero e l'altro: una coscienza ipertestuale, appunto, un andamento ininterrotto che, partendo dalla ricerca linguistica del singolo narratore-cyborg postumano, è

---

118 "Ponendo l'accento sulla testualità e sulla discorsività, tanto la critica femminista come pure quella post-strutturalista arrivano a mostrare la letterarietà di fenomeni apparentemente non letterari", Culler 1987, p. 88

capace di creare una narrazione all'interno della quale altri narratori-cyborg si immergono volontariamente. Con più di 1100 spazi testuali, 2000 link, oltre 40 minuti di colonna sonora il progetto di Mark Amerika propone un viaggio all'interno della scienza della scrittura, attraverso un nuovo modo di concepire la figura dell'autore che si fa "*sè collettivo*". L'opera è una narrazione multimediale, un testo orientato ad uso esplorativo che permette di scoprire in ogni momento qualcosa di imprevisto, di inatteso; è una storia aperta a varie forme di interpretazione, a diversi percorsi di lettura non determinati in modo definitivo dall'autore ma delineati dall'ordine dei link attraversati. È un mondo abitato da una miriade di personaggi fantastici, ognuno con le proprie caratteristiche e le proprie storie da raccontare, ma connessi inevitabilmente l'uno con l'altro.. così incontriamo Abe Golam (Il nome dello stregone mediatico fa riferimento alla leggenda medievale ebraica del golem (capostipite della fortunata dinastia di uomini-macchina, da *Frankestein* ai cyborg), leggendario info-sciamano cracker[119] del codice sorgente e creatore di *Grammatron* e *Nanoscript*:

Abe Golam, leggendario info-shamano, cracker del codice sorgente e creatore di Grammatron e Nanoscript, sta seduto dietro il suo computer, ogni briciola di creatività minerale già tempo addietro estratta dal suo cervello bruciato, cercando di capire come sarebbe riuscito a sopravvivere nell'elettrosfera che una volta aveva chiamato casa. I suoi occhi a ciambella stavano spaziando fuori nel vasto deserto elettrico cercando più parole per trascrivere la sua personale perdita di significato.

---

119 Il termine "cracker" viene spesso confuso con quello di "hacker", il cui significato è notevolmente diverso. Alcune tecniche sono simili, ma hacker è un esperto informatico che sfrutta le proprie capacità per esplorare e ampliare le proprie conoscenze senza recare danni. Al contrario, cracker è colui che sfrutta le proprie capacità (o in certi casi quelle degli altri) al fine di distruggere (i cracker fanno spesso utilizzo del DoS), ingannare e arricchirsi.

"Io sono Abe Golam, un uomo anziano. Ho portato un segno fino alla fine della strada e dopo mi sono perso. Trovami".

Le espressioni sottolineate indicano i link presenti nel testo. Cliccando su *Nanoscript*, ad esempio, una "nuova schermata" parla di dati proibiti che circondano l'elettrosfera dall'alba del genere umano e che riportano l'evoluzione della coscienza del mondo naturale:

Nanoscript erano i dati vietati che avevano penetrato l'elettrosfera all'alba dell'uomo. Era un codice a fondamento della possibilità di trascrivere l'evoluzione della consapevolezza del mondo naturale. Questa consapevolezza, originariamente creduta essere l'estremo stadio, stato dell'arte, intelligenza artificiale, era in realtà una parte di qualcosa che Golam chiamò il linguaggio del desiderio.

E così via.

Più complesso ma sulla stessa linea d'onda, il progetto *World of Awe* (1995-2003), dell'americana Yael Kanarek, un'*hyperfiction* basata sul diario di un viaggiatore perso nel deserto. L'opera, servendosi di una versione aggiornata dell'espediente del manoscritto ritrovato (in questo caso un computer), rinnova l'antico genere del racconto epistolare scindendo la narrazione in immagini, pagine di diario, lettere scritte ad un'amante lontana[120].

A testimonianza delle possibilità performative della Net Art c'è l'ormai noto Digital Hijack, un atto di "terrorismo" virtuale opera del collettivo svizzero Etoy. L'azione iniziata nel 1996, "rapì" oltre 600.000 internauti, dirottati *sul sito di* Etoy mentre usavano normali motori di ricerca, caduti in siti trappola collocati

---

120 Disponibile online all'indirizzo: http://www.worldofawe.net/site/journal.php

ad hoc nelle prime posizioni dei risultati delle ricerche, con un lungo lavoro di studio e programmazione. Lo scopo del Digital Hijack era quello di scuotere la noia della Rete, mostrandone i limiti e le potenzialità inespresse, una sorta di virus psicologico che, attraverso un'azione shock, costringe a riflettere sul vero assetto della Rete e sul controllo del flusso informativo.

Sito web: http://www.hijack.org/

Un esempio più recente è *s000t000d* realizzato nel 2002 da Filippo Rosso[121]. L'intera impostazione della pagina, la complessità dei link ipertestuali e l'assenza di informazioni dell'autore, come nel romanzo di Joyce, richiedono un forte contributo da parte del lettore che deve addentrarsi nell'opera digitale. La prima schermata presenta un cubo su sfondo nero, al suo interno punti rossi collegati tra loro tramite linee bianche. Questi elementi non sono altro che la rappresentazione grafica del livello metaletterario del romanzo, la struttura reticolare dell'opera che permette di vedere attraverso l'opera. La navigazione può iniziare con la selezione di qualsiasi frammento e la sequenza di questi è assolutamente arbitraria, le pagine sulle quali sono scritte le lessìe sono provviste di ulteriori funzioni che permettono di cambiare la modalità di fruizione. Sul lato destro di ogni lessia appare una breve lista di opzioni che corrispondono a precise funzioni strutturali, legate al sistema dell'ipertesto. Per mezzo dei link che si celano dietro le tre opzioni è possibile visualizzare la mappa, accedere a una pagina precedente oppure a un'altra lessìa. Non tutti i testi, contengono rinvii elettronici. Il frammento 17, ad esempio, riproduce un articolo di giornale del Messaggero; i frammenti 16 e 18 contengono le spiegazioni delle lessìe contenute al loro interno che, come la maggior parte, sono deliberatamente

---

121 Disponibile online all'indirizzo: http://www.filipporosso.net/testi/s000t000d/

copiate da dizionari, enciclopedie e articoli di giornale. In realtà (a mio avviso) ciò che l'autore offre non è affatto catalogabile come romanzo ipertestuale, piuttosto come un banale esperimento di ipertestualità. Il lettore viene catapultato nella dimensione del cubo verso vari frammenti dell'intricata rete dell'ipertesto, ciascun frammento è un testo a sè stante, non esiste una linea argomentativa/narrativa da percorrere e i link non sono lessìe collegate tra di loro in modo semantico. L'autore giustifica il suo operato in questo modo: "[...] il problema è proprio questo: l'intelligibilità è legata non tanto a decifrare una storia, quanto invece a decifrare una geografia"[122]. Peccato che, se parliamo di romanzo e quindi di narrativa, una geografia senza storia non abbia motivo di esistere.

4.3.2 HyperDrama: una nuova drammaturgia

Con gli *Hyperdrama* ci troviamo di fronte a nuove forme di scrittura drammaturgica caratterizzate da scene simultanee che consentono allo spettatore di costruire un proprio percorso all'interno del testo drammatico. Ma le novità del *Videoteatro*[123] non procedono solo in direzione della rottura del testo, quanto in una "messa in scena" interattiva. Sondare un iperdramma, infatti, significa avere

---

122 Eliteratures, Fabio de Vivo intervista Filippo Rosso: http://eliteratures.wordpress.com/interviste/filippo-rosso-testo/
123 Fenomeno teatrale nato in Italia a cavallo tra gli anni Settanta e gli anni Ottanta, nell'ambito della Postavanguardia, coniugando l'attività di recitazione con le nuove tecnologie elettroniche, come già stava accadendo per la *videomusic* e il *videoclip*. Questo fenomeno solo in parte riguarda il lavoro degli attori in scena, nell'interazione con strumenti di riproduzione di immagini in movimento, generalmente monitor o videoproiettori. Ulteriori aspetti di questa area di ricerca riguarda le riprese video in simultanea con l'azione scenica, strumenti di cattura quali telecamere fisse o mobili.

la possibilità di operare scelte e seguire il proprio filo narrativo, selezionando la preferita tra le possibilità offerte. Inoltre, con l'aggiunta della reversibilità, al fruitore è concessa l'opportunità di ripetere l'audiovisione in modo ogni volta diverso. Scegliendo un plot di volta in volta, il fruitore decide di considerarlo come il plot principale, quindi di considerare i protagonisti come i principali dell'opera stessa, che verranno invece "oscurati" dai personaggi e dalle azioni preferite in una seconda lettura, fino alla costruzione di un quadro complesso, interconnesso, senza veri protagonisti o con protagonisti altamente relativizzati dalla vicinanza di altri protagonisti. Charles Deemer[124] afferma che l'iperdramma potrà rivoluzionare il concetto tradizionale di opera teatrale, ed effettivamente con l'*Hyperdrama* ci troviamo al cospetto di un dramma "esploso", dove a lato della scena e del dramma principale procedono le storie parallele dei personaggi quando escono di scena. Il pubblico sceglie il suo percorso di navigazione nel fatto teatrale, riproducendo i percorsi di lettura dell'ipertesto ove, "cliccando su un link" si ha la possibilità di accedere non ad un contenuto sequenziale, ma reticolare. Sembra che il postulato di questo nuovo assetto narrativo consista nel venir meno del punto di vista, dello sguardo del demiurgo, del regista, dell'autore che abdica al suo ruolo, dichiarando un potenziale relativismo dove è il lettore (lo spettatore) che diviene responsabile delle sue stesse scelte di lettura. Ed ogni spettatore porterà con sé una unica e personalissima esperienza, ancora più personale di quanto già non succeda nell'alchimia del rapporto fra spettatore e spettacolo di un consueto evento teatrale. Cercando una definizione per questa nuova forma ibrida, ci si può rivolgere alle parole di Charles Deemer, sceneggiatore e drammaturgo americano: «L'hyperdrama sfida la Visione

---

124 Pioniere delle opere teatrali a struttura ipertestuale, realizza spettacoli per lo più fruibili in rete, ma anche rappresentate sulle scene

Singola. Questo nuovo tipo di teatro, generato da pagine scritte in forma di ipertesto, sfida la nozione di teatro inteso come spettacolo che viene guardato da un pubblico immobile seduto in un teatro buio su sedie fissate al pavimento»[125]. Deemer spiega, nel saggio *What is hypertext?*, di essere approdato nel 1985 ad una nuova forma di scrittura drammaturgica in cui «le scene non sono lineari, una dopo l'altra, ma simultanee, con molte scene che accadono all'interno del luogo della rappresentazione nello stesso momento»[126]. Lo spettatore ha così la possibilità di scegliere e di costruire un proprio sentiero non strettamente sequenziale all'interno del testo drammatico. Deemer ha portato numerosi hyperdrama dal teatro all'ambiente interattivo per eccellenza: Internet. Una prima messa in scena telematica del demo del suo testo, *The Bride of Edgefield* (1996) si può trovare su *atheMOO* (telnet://moo.Hawaii.Edu:9999), una comunità virtuale professionale per chi lavora in teatro. Come racconta lo stesso Deemer:

> «Si tratta di un evento teatrale che nasce da una pièce ipertestuale, con una linea narrativa che si ramifica per scene simultanee, situate in differenti spazi teatrali. L'ambiente MOO su Internet permette in modo davvero unico di dare forma a questo tipo di teatro non lineare con un controllo assai superiore a quello che avevo prima di iniziare a usare Internet [...]. Questo tipo di teatro comprende sempre una parte di improvvisazione, soprattutto nel passaggio da una scena all'altra, e io sono giunto alla conclusione che l'ambiente di Internet è più adatto al teatro di improvvisazione che a quello scritto, è qui che la teatralità può venire alla luce e la creatività prendere il volo»[127].

Dalla fine degli anni Cinquanta, gli artisti si sono impegnati per infrangere la netta posizione frontale imposta ai fruitori delle loro creazioni e regalare loro la possibilità di scegliere, attraverso la moltiplicazione di punti di

---

125 Charles Deemer, *The New Hyperdrama*
126 Citato in Fabio Paracchini, *Cybershow*, Ubulibri, Milano, 1996, p.103
127 Ibidem

emissione e ricezione, sicchè «[...]il testo spettacolare si espande, si trasforma in ambiente, in un universo reticolare e aperto.»[128]

Si può dire che la drammaturgia ipertestuale approda ufficialmente in Italia nel 1998, anno in cui Andrea Balzola e il gruppo ZoneGemma[129] mettono in scena lo spettacolo di "narr'azione" teatrale *Storie Mandaliche*. Più che di semplice spettacolo teatrale, si potrebbe parlare di tecno-spettacolo interattivo. Questo si presenta composto da sette storie collegate tra loro (l'uomo-bambino, il mandorlo, la principessa nera, il corvo, il cane bianco, la pietra, l'ermafrodito) in cui il protagonista di ogni storia appare come personaggio in tutte le altre. Sfruttando le potenzialità di narrazione ipertestuale, allo spettatore è concessa sia la libertà di scegliere l'inizio dello spettacolo indicando un personaggio di partenza, sia di decidere che direzione seguire in corrispondenza di ogni bivio ipertestuale. Importantissima la funzione del narratore, senza la quale figura, come accade nella tradizione orale e nei giochi di ruolo, lo spettacolo non potrebbe avere luogo. Esiste un rapporto concreto fra narratore e pubblico, che sta alla base della possibilità di modificare il "testo narrativo". Quest'ultimo, infatti, può essere ampliato, ridotto, ripetuto, adattato, senza che ciò ne modifichi la struttura portante. E' possibile sostituire personaggi, situazioni, ambienti, in quanto, il narratore adegua, sulla base delle richieste e delle aspettative, la sua "offerta" narrativa. Si può, dunque, affermare che, quando si parla di narrativa

---

128 Emanuele Quinz, *Interface-World. Mutazioni della scena: dal testo all'ambiente*, in *La scena digitale. Nuovi media per la danza*, Marsilio, Venezia, 2001, p. 320-321
129 Laboratorio teatrale intento a "gemmare" una "cultura biotecnologica". Nato nel 1998 dall'incontro di cinque persone: il performer e il teknoartista Giacomo Verde, il computerartista Massimom Cittadini, il drammaturgo e teorico Andrea Balzola, la critica e teorica Anna Maria Monteverdi e il compositore Mauro Lupone.

orale, ci si riferisca sempre ad una co-narrazione: il narratore crea un evento riconducibile al racconto, il cui svolgimento e durata dipendono esclusivamente dalla relazione che si instaura tra narratore e ascoltatore" (*Capitolo Primo*).

A tal proposito, Antonio Caronia[130] ci suggerisce che *Storie Mandaliche*, oltre a presentare interessanti analogie riguardanti i binomi oralità-scrittura, testo-immagine, linearità-ipertestualità, pone un interrogativo sul numero (infinito) di narrazioni che possono aver luogo, ad ogni rappresentazione.

> «Ipotizzando che ci sia una media di 6 link a storia (cioè: ogni storia intersechi le altre una media di 6 volte), e che questi link siano fatti a storie tutte diverse (cioè: ogni storia non ne intrecci un'altra più di una volta), le storie possibili saranno 7! =7x6x5x4x3x2x1=5.040 storie diverse (questo numero in matematica si chiama "fattoriale di 7"). ma se non si pone questa limitazione – cioè se ipotizziamo che i 6 llink siano "liberi" (cioè si possa tornare più di una volta sulla stessa storia) le narrazioni possibili saranno addirittura 7x7x7x7x7x7=7° (7 elevato alla stessa potenza)= 117.649! non so bene quale sia l'ipotesi corretta, nel caso di Storie Mandaliche, ma sospetto che siamo in una situazione intermedia tra le due, sicché credo si possa dire, senza tema di errore, che siamo in presenza di alcune decine di migliaia di narrazioni diverse. Non un numero infinito, certo, ma incredibilmente grande»[131].

Ecco, quindi, che drammaturgia ed ipertesto si fondono, i segni si espandono in un ambiente immersivo composto da una partitura di suoni, gesti ed immagini in trasformazione che seguono la drammaturgia labirintica ed ipertestuale scritta da Andrea Balzola[132].

---

130 Saggista, accademico, matematico e giornalista pubblicista italiano, figura di spicco della critica letteraria fantascientifica fra gli anni Settanta e Ottanta .

131 Antonio Caronia, *Sarà un racconto che vi (ci?) seppellirà,* in A. Balzola, A. M. Monteverdi, *Storie Mandaliche*, Cit., p. 194

132 Sceneggiatore, drammaturgo e regista multimediale, teorico del rapporto tra nuovi media, arte e spettacolo. Per approfondimenti: http://www.andreabalzola.it/index.htm

In questa modalità, la narrazione è più vicina a come l'aveva immaginata il suo autore e il lettore, al tempo stesso, può soddisfare le proprie curiosità e dare alla storia lo sviluppo che preferisce. Cambia il modo classico di fare narrativa che era rimasto immutato dai tempi di Aristotele. La *hyperfiction* è uno dei prodotti più rappresentativi di questo clima culturale, in quanto capace di esibire apertura sia sul piano strutturale che interpretativo. In particolare nelle arti contemporanee si è sviluppato un sempre maggiore interesse nei confronti del possibile e dell'indeterminato: [...] un'opera d'arte così concepita non obbliga il fruitore a ricostruire in maniera univoca la rete di effetti comunicativi che gli viene proposta, ma presenta molteplici possibilità di approccio e percorsi interpretativi e, allo stesso modo, esiti comunicativi molteplici ed indeterminabili a priori (Orfei, 2009). Quello che viene valorizzato in questa modalità è l'apertura dell'opera: la sua disponibilità a essere integrata, nella realizzazione o nella fruizione, e quindi prendere questa decisione. Anche se entra da un unico punto determinato dall'autore, il lettore ha la possibilità di scegliere l'uno o l'altro percorso e richiama un'altra lessia in vari modi, e ripete questo processo finchè non trova un buco o un dislivello. A questo punto può anche tornare indietro e prendere un'altra direzione.

A fine anni Novanta, Andrea Balzola elabora con Paolo Rosa e Antonio Camurri il progetto teatrale multimediale *Borders*[133], incentrato sulla figura di un

---

133 Un viaggio simbolico attraverso i confini tra paesi ricchi e paesi poveri, tra le etnie e le culture, attraverso i confini della biogenetica e della biocibernetica, alla ricerca dell'uomo "mutante". Aria, la "Viaggiatrice" (la Psiché greca = Farfalla/Anima, un po' l'Arianna del mito del Minotauro, un po' lo spirito Ariel de La tempesta di Shakespeare apre lo spettacolo ed è la sua guida poetica, tiene il filo dello spettacolo-labirinto. Va alla ricerca del suo Uomo smarrito (cerca Teseo, l'uomo che l'ha abbandonata, Teseo inteso simbolicamente, come l'eroe antico: l'uomo protagonista della sua storia. Il "desaparecido" come metafora della crisi dell'identità

uomo in trasformazione, che mescola etnie diverse, che mescola biologia e cibernetica, in fuga verso il futuro, ma anche in fuga da un futuro chiuso nei laboratori tecnoscientifici verso il "laboratorio" aperto della realtà il cui tema si posa sul confine tra migrazioni e linguaggi (artistici, tecnologici).

Lo spettacolo, che doveva andare in scena nel parco multimediale Le Serre di Grugliasco (Torino), non si realizza per mancanza di fondi. Ciò non genera sconforto nello spirito degli autori, anzi, colgono l'occasione per dare vita ad una nuova opera: l'ambiente sensibile[134] *Dove va tutta 'sta gente?* (2002).

Studio Azzurro interviene nel caveau fatto costruire negli anni Cinquanta, quando il Palazzo delle Papesse era occupato dalla Banca d'Italia.

> «La stanza blindata è chiusa e al buio. Un limitato numero di spettatori, fuori della porta d'ingresso, in piedi, osserva l'interno: sulla parete frontale sono proiettate due porte, adiacenti l'una all'altra, che si aprono e si chiudono continuamente verso l'interno del caveau; dall'esterno speculare - e, ovviamente, virtuale - rispetto a quello in cui si trovano gli spettatori, alcuni personaggi (attori del Gruppo Teatrale L'Arrocco) fuoriescono dal buio e cercano di penetrare all'interno della stanza blindata stessa, negli attimi in cui le due porte sono aperte. Due probabili lastre di vetro, però, sono poste a coprire l'intero specchio delle due aperture: conseguentemente i personaggi vi sbattono contro e, nonostante che le porte siano spalancate, non riescono ad entrare nel caveau»[135]

Lo spettatore viene coinvolto dal punto di vista emotivo e percettivo poiché viene investito da suoni e da rumori provocati per lo più dall'urto dei corpo degli attori contro il vetro separatore. Quest'opera punta sull'immagine di due grandi finestre aperte sul mondo, ma divise dal mondo da una pellicola impenetrabile della quale si prende coscienza solo nel momento in cui gli attori provano a

---

umana, crisis=trasformazione. Per approfondimenti, si veda: http://www.andreabalzola.it

134 Cfr. Studio Azzurro, luoghi in cui la tecnologia si incontra armoniosamente con lo spazio e la narrazione

135 http://drammaturgia.fupress.net/recensioni/recensione1.php?id=430, recensione di Costantino Maiani

superare queste due grandi aperture. L'operazione di Studio Azzurro è consistita nel "sagomare" un palcoscenico virtuale la cui tridimensionalità delle videoproiezioni dilata illusoriamente i locali della stanza blindata, generando un effetto teatrale (o meglio, video-teatrale).

L'intervento al Palazzo delle Papesse sembra una prosecuzione rispetto ai precedenti eventi interattivi che, nel tempo, hanno avuto luogo all'interno del caveu: *Prologo a diario segreto contraffatto* (1985), *Correva come un lungo segno bianco* (1986) e *La camera astratta* (1987). Nel caso di *Dove va tutta 'sta gente?*, al contrario, gli attori e l'intera scena sono virtuali e dialogano con uno spazio inconsueto.

«[..]Si spostano i limiti tra naturale e artificiale, tra mondo reale e mondo virtuale", rappresenta una nostra situazione di disagio poiché toglie ogni certezza della nostra presunta conoscenza degli spazi che occupiamo [...]»[136]

Analogamente, seppur in maniera diversa, *Expanding in Space* 1977 di Abramovic/Ulay presenta due colonne mobili (due volte il peso dei loro corpi) installate nello spazio architettonico circostante, un colonnato (non mobile). I due si muovono dal centro simultaneamente per schiantarsi contro le colonne servendosi dei loro corpi per "allargare" lo spazio.

Proprio sul concetto di "espansione" si muovono anche Robert Wilson e Robert Lepage. Il primo, artista carico di esperienze e che ha segnato alcuni dei momenti più salienti dell'evoluzione espressiva del teatro moderno. Con la compagnia "Byrd Hoffman School of Byrds" realizza i suoi primi importanti lavori che, ben presto, lo porternno all'incontro con Philip Glass con il quale realizzerà *Einstein on the Beach* (1976). Manifesto di un rigoroso teatro astratto, perseguito da sempre da Wilson contro la riproduzione naturalistica del reale,

---

136 Per approfondimenti: www.studioazzurro.com

«Einstein on the beach è costruito su un tessuto di ritmi visivi dove la musica di Glass, con la ripetitività ossessiva di un fiume di poche note, è fattore portante di una composizione dove i diversi linguaggi si compattano mirabilmente, si allacciano e si smarriscono senza smettere di incantare. A ricordarci Einstein – il titolo dell'opera nasce dalla suggestione di una vecchia foto dello scienziato sulla spiaggia – ci sono solo alcuni oggetti e qualche indizio: oltre all'immedesimarsi in lui, nei costumi di tutti gli attori, ricorre una conchiglia, fluttuano orologi che girano all'indietro, bussole sospese, un giroscopio (giocattolo amato da bambino), razzi, qualche fotogramma allusivo alla bomba atomica, e la sua stessa figura nel violinista in proscenio con capelli e baffi bianchi a sbeffeggiarci con la celebre linguaccia.»[137]

Ad evocare la sua rivoluzione di scienziato sono le molteplici associazioni d'immagini, geniali come il genio in questione, che Wilson architetta nello spazio. La composizione – quattro atti scanditi da siparietti che fungono da raccordi (*kneeplays*), giostrati su due presenze femminili – fa leva, infatti, su un principio antinarrativo dove non c'è trama e i testi sono senza senso. Ubbidisce ad associazioni figurative secondo una tecnica in qualche modo matematica distribuita su tre immagini: un treno; un tribunale (trasformato anche in prigione che ospita lo stesso Einstein mutarsi, in seguito, in Patricia Hearst, la figlia del re della stampa divenuta femminista armata e rapinatrice); un campo incolto che sarà visitato da un'astronave galleggiante nello spazio, per poi rivelare il suo interno di "Macchina del tempo". Dentro queste ambientazioni, con alternanze e combinazioni di interni ed esterni, di un folgorante disegno di illuminotecnica, e con le coreografie ariose e ripetitive di Lucinda Childs, si susseguono sequenze di grande forza visionaria. Nel gioco di rapporti tra l'attore e lo spazio scenico si aggiungono i cantanti i quali, intonanti la loro litania seriale di tre note o di tre numeri, entrano ed escono dalla buca determinando i temi dell'equilibrio e della

---

137 http://www.ilsole24ore.com/art/cultura/2012-03-31/einstein-beach-capolavoro-senza-191900.shtml?uuid=AbNMSDHF&refresh_ce=1, Recensione di Giuseppe di Stefano

gravità nello spessore dei gesti e dei movimenti in ralenti. Fino a liberatorio aprirsi dello spazio e all'esplosione della luminosità. L'astronave, finalmente approdata, spalanca il suo interno ai nostri occhi. Ecco sul fondo quindici attori (ma sono orchestrali e cantanti) di spalle, ciascuno dentro uno scomparto quadrato dell'alta intelaiatura dei tubi innocenti, a simulare con gesti l'accensione di una serie di lampadine descrivendo le linee oblique o circolari che hanno tracciato i movimenti dello spettacolo. «Che si chiuderà col racconto di una storia d'amore narrata da un anziano autista negro affacciato al finestrino di un bus con di lato un uomo e una donna seduti su una panchina. Forse dei sopravvissuti al disastro nucleare, forse novelli Adamo ed Eva di un nuovo mondo. Forse dei sopravvissuti al disastro nucleare, forse novelli Adamo ed Eva di un nuovo mondo. Ciascuno è libero di aggirarsi con le sue interpretazioni più personali. Tutti, comunque, usciremo frastornati dalla meraviglia di un'esperienza totale dei sensi»[138]. Quando venne presentata per la prima volta, *Einstein on the beach* rappresentò una vera e propria rivoluzione e oggi è considerata una delle produzioni artistiche più importanti dei nostri tempi. Il produttore e critico d'arte del New York Times John Rockwell, «Einstein on the beach, forse proprio come Einstein stesso, trascende il tempo. Non è (solo) un prodotto artistico della sua epoca, è un'opera senza tempo... Einstein deve essere visto e rivisto, incontrato e assaporato... un'esperienza che porti con te per tutta la vita.»

Quasi cinque ore di spettacolo. Senza intervalli. Con gli spettatori liberi di alzarsi, muoversi, e rientrare senza, per questo, perdere nulla del "racconto"

---

138 http://www.ilsole24ore.com/art/cultura/2012-03-31/einstein-beach-capolavoro-senza-191900.shtml?uuid=AbNMSDHF&refresh_ce=1, Recensione di Giuseppe di Stefano

visivo – teatrale, musicale, danzato - dell'opera rappresentata. Un'esperienza da vivere.

Partendo dal rapporto tra tecnologia e teatro, il regista e drammaturgo Robert Lepage, ha sviluppato e affinato nel corso di oltre un ventennio una personale poetica scenica 'polivisuale, polifonica e policronica'[139] «combinando la purezza dell'arte performativa all'automazione postindustriale»[140]. Ogni suo spettacolo, infatti, può essere definito come un'opera ipermediale, un vero e proprio testo ipertestuale in cui, come evidenziato da Thaïs Flores Nogueira Diniz, gli effetti dipendono dai rimandi intertestuali e dai continui passaggi multimediali[141]. Inebriante e seducente «fantasmagoria di luci colorate, proiezioni, scritte luminose, suoni e musica»[142], quello di Lepage è «un magico teatro di superfici, dove l'immagine si fa racconto e seduzione pura» nel quale «si fa largo uso di azioni fisiche, prospettive multiple, giochi di luci e di ombre, mentre la drammaturgia procede rapsodicamente per ellissi e flashback, in una scrittura di impianto cinematografico»[143]. Ibridazione e ipertestualità, sperimentazione video, sperimentazione tecnologica, ricerca sul suono digitale sono alcuni degli elementi fondanti la scrittura scenica messa a punto, spettacolo dopo spettacolo, a partire da *La Trilogie des dragons* (1985). «Gli scultori diranno che si fa una scultura con la pasta da modellare, si fa una scultura con il gesso, si fa una scultura con il marmo; è chiaro che è la materia che vi informa

139 B. Picon-Vallin, *Hybridation spatiale, registres de présence, in Les écrans sur la scène*, a cura di B. Picon-Vallin, Lausanne, Editions L'Age d'Homme, 1998, p. 33
140 Cfr.: C. Innes, Machines of the Mind, http://moderndrama.ca/articles/machines_mind
141 T. Flores Nogueira Diniz, *Intermediality in the Theatre of Robert Lepage*, pp. 1-15: http://www.letras.ufmg.br/nucleos/intermidia/dados/arquivos/SIM3_Diniz_proof.pdf
142 R. Giambrone, *Robert Lepage: il teatro ad orologeria*, «The Rope», n. 2-3, marzo-ottobre 2008, pp. 101-110: 102., http://www.falsopiano.com/TheRope2-3.pdf
143 Ivi, pp. 101-110: 101

su come fare la vostra scultura, come raccontare quello che avete da raccontare. Trovo che le tecnologie siano proprio questo, cioè che i nuovi strumenti, le risorse che ci sono oggi pongono una sfida su come raccontare le cose»[144]. Siamo di fronte infatti ad 'una tecnologia' che non intende stupire o spiazzare lo spettatore, ma al contrario rassicurarlo[145]. Afferma Lepage: «Sono accusato di imprigionare me stesso con la tecnologia, ma la tecnologia è uno strumento che mi permette di esplorare le cose. Oggi abbiamo a che fare con un pubblico che ha un vocabolario narrativo molto sofisticato. Non sto dicendo che stiamo diventando più 'cinematici' o più televisivi ma che abbiamo trovato un modo per invitare quel pubblico a teatro»[146]. Il cinema è un riferimento fondamentale per Robert Lepage. Oltre a sottolineare l'influenza – da lui spesso dichiarata – della cultura audiovisiva, cinematografica e televisiva sul suo teatro, va ricordato che Lepage è anche attore e regista cinematografico[147]. Rovesciando i termini utilizzati da Jean-François Caron, si può tranquillamente affermare che non è possibile analizzare il teatro di Lepage senza tener conto delle sue produzioni cinematografiche[148]. Al di là del medium impiegato le due diverse esperienze

---

144 Citato in A. Balzola, A. M. Monteverdi, *Le arti multimediali digitali*, Milano, Garzanti, 2004, p. 494
145 Cfr.: A. Monteverdi, *Metamorphosis of the stage. Robert Lepage and La face cachée de la lune*, http://www.digitalperformance.it/?p=1539
146 A. M. Monteverdi, *Il laboratorio teatrale delle avanguardie*, in A. Balzola, A. M. Monteverdi, *Le arti multimediali digitali*, cit., p. 84.
147 Il suo primo film è l'hitchcockiano Le Confessional (1995) le cui eco riverberano in Les sept branches de la rivière Ota. Segue Le Polygraphe (1996), tratto dall'omonimo spettacolo teatrale. Il 1997 è la volta di Nô ispirato a Les sept branches de la rivière Ota. Possible Worlds (2000) è tratto invece da un dramma di John Mighton. Nel 2003 gira La face cachée de la lune, adattamento cinematografico dell'omonimo spettacolo del 2000
148 «Il semble impossible d'analyser ses films sens tenir compte de ses productions théâtrales qui lui on valu une renommée internationale» (J. F. Caron, Robert Lepage cinéaste: vers une nouvelle écriture, in *Le cinéma au Québec*, a cura di S. A. Boulais, Québec, Fides, 2006, p. 141

condividono, infatti, immaginario, temi, stile e scrittura nel segno di una pratica artistica originale e multidisciplinare[149]. Per il regista il cinema (così come la televisione) è innanzitutto un modello drammaturgico, oltre che narrativo:

> «[...] La tradizione letteraria non è presente come in Europa. La nostra tecnica di scrittura deriva effettivamente dalla televisione o dal cinema. Il teatro non è ufficializzato dalla scrittura: non si parla di scrittura teatrale ma piuttosto di uno spazio di scrittura cinematografica affiliata al teatro. Per quanto mi riguarda trovo la scrittura cinematografica più teatrale del teatro, risponde veramente alle regole della tragedia greca: le sceneggiature sono strutturate, sono dei sistemi shakespeariani. Mi stupisco dunque molto che la gente di teatro rifiuti questa scrittura. [...]»

Oltre ad essere un modello drammaturgico privilegiato, il cinema è spesso anche fonte d'ispirazione tematico-narrativa. Ad esempio, in *Les sept branches de la rivière Ota* un'équipe di cineasti americani sta filmando un documentario su Hiroshima; in *Les aiguilles et l'opium* il protagonista è a Parigi per un lavoro di postproduzione di un film; in *Le polygraphe* la protagonista è un'attrice che dopo molti provini, è stata scelta per girare un film[150]. Le qualità di sintesi, scarto e il ritmo di stampo cinematografico scandiscono l'impianto drammaturgico spettacolare costruito dal regista, facendo ricorso in chiave teatrale all'immaginario tecnico del grande schermo: flashback, primo piano, campo e controcampo, carrelli. Il racconto scenico è diviso in vere e proprie sequenze in cui spazio e tempo diversi e lontani vengono rappresentati in maniera fluida grazie a un montaggio parallelo di azioni e situazioni[151].

---

149 Cfr.: Ivi. 14 Citato in A. Monteverdi, *Robert Lepage tra cinema e teatro,* http://www.digitalperformance.it
150 A. M. Monteverdi, *Integrazione tecnoespressiva e métissage artistico nel teatro di Robert Lepage*, «ateatro», http://www.ateatro.org/mostranew.asp?num=87∨d=50
151 Cfr.: J. F. Caron, *Robert Lepage cinéaste: vers une nouvelle écriture*, in *Le cinéma au Québec*, cit., p. 144

Lo stile creativo di Robert Lepage si basa sull'intuizione offrendo ad attori, designer e tecnici la possibilità di contribuire e creare con lui gli spettacoli. La dimensione interculturale e la creazione di un personaggio diverso e barocco sono al centro del suo lavoro. Questi elementi rappresentano l'eco di un processo creativo che, piuttosto che basarsi su tematiche definite o argomenti precisi, fa uso di diversi tipi di risorse: oggetti, luoghi, aneddoti, eventi storici o di altra natura, ricordi. Attraverso la libera associazione di idee, il team creativo può scoprire connessioni poetiche tra questi elementi apparentemente non collegati. Gli spettacoli si sviluppano in modo organico, come un albero che vede i suoi rami crescere in direzioni inaspettate. È lo stesso regista a puntualizzare questo tipo di approccio parlando della genesi di *Les sept branches de la rivière Ota* (1994):

«Quando abbiamo fatto 'The Seven Streams oh the River Ota' sapevamo che uno dei riferimenti sarebbe stato Hiroshima, ma non ci siamo detti 'Facciamo qualcosa sulla bomba atomica, o Hiroshima'. Portai alle prove un frammento di specchio e un rossetto, e questo fu l'inizio. Ricordo che sentii la storia di una donna di Hiroshima che rimasta sfigurata era solita nascondere lo specchio sotto un cuscino prima di mettersi il rossetto, che si toglieva prima di tirare nuovamente fuori lo specchio. Il motivo narrativo era quindi scandito da questi oggetti... Cominciammo così ad improvvisare con gli specchi, e in breve tempo scoprimmo di esserci allontanati dal tema della donna di Hiroshima. Pur provando a ritornare al tema originario le risorse impiegate, aggiuntesi a quelle di partenza, ci portavano da un'altra parte. Si arriva sempre ad un punto in cui sono richiesti altri spunti e altri oggetti. Quando feci Far Side of the Moon, per esempio, avevo in mente due cose. Volevo fare uno spettacolo su mia madre. Mia madre era morta da poco. Di fatto però non ci sono riuscito. Non sono mai partito da questo tema. Sentivo la necessità di far qualcosa su mia madre ma non so come, forse condizionato dall'interessante libro Back to Earth, che stavo leggendo in quel periodo, su Buzz Aldrin il secondo uomo a camminare sulla luna, cominciai a fantasticare sull'essere il numero due, essere secondo rispetto al migliore, perdere la chance di essere il numero uno. Pensai che fosse un libro molto interessante con il quale valesse la pena fare qualcosa, ma vedevo che non c'era modo di tenere insieme i due temi, fino a quando un giorno mentre camminavo vidi nell'immondizia l'oblò di una lavatrice. Non potevo dire se appartenesse a una lavatrice o ad uno shuttle. Pensai: questo è davvero un oggetto figo. Lo portai via con me e cominciai ad improvvisare ogni tipo di azione con questo oblò. Pian piano mi riportò alla mente quando una volta da bambino si ruppe la lavatrice e mia madre mi portò con sé in una lavanderia a gettoni che mi sembrava una stazione di controllo. In tal modo il tema della mia infanzia, con mia madre e anche l'esplorazione spaziale, un'altra delle mie ossessioni, aprirono letteralmente una porta, dalla quale potei entrare per cominciare a sviluppare il mio lavoro»[152]

L'improvvisazione fisico-gestuale ha luogo sullo sfondo di una sorta di motivo drammaturgico-narrativo indicato dal regista. Parallelamente, una volta trovato il contesto scenico, i designer di set, luci e suono cominciano a preparare le scene.63 In questa fase gli attori devono predisporsi in maniera estremamente aperta, dal punto di vista sia mentale, sia emotivo per cogliere a pieno i suggerimenti via via proposti da Lepage. Per creare un personaggio, si parte dal suo io interiore...' Questo – spiega il regista – è conveniente per determinati attori, determinati personaggi, un determinato teatro, ma esiste anche l'esatto contrario. Si parte da ragioni esterne e si entra lentamente, fino a trovare l'interiorità del personaggio[153].

---

152 Interview with Robert Lepage in B. Knapton, *Activating simultaneity in performance : exploring Robert Lepage's working principles in the making of Gaijin*, Master of Arts (Research), Queensland University of Technology, 2008, p. 96. Cfr.:

153 J. Feràl, *Il faut que l'acteur ait une soif de savoir. Entretien avec Robert Lepage*, in J. Feràl, *Mise en scène et jeu de l'acteur*, cit., p. 173

Le esperienze fin'ora descritte definiscono nuovi parametri di misurazione e percezione del tempo e dello spazio ponendo il pubblico nella condizione di partecipare alla creazione di veri e propri viaggi all'interno del mondo della comunicazione. Se da un lato nascono i concetti di spazio allargato e di tempo allargato, che propongono esperienze legate ad una "realtà aumentata", dall'altro vi è l'interesse di rappresentare azioni dinamiche in uno spazio circoscritto. È il caso dell'artista polacco Zbigniew Rybczyński, particolare figura di autore sperimentale fin dagli anni della sua formazione, in cui già manifesta una ferma propensione alla riflessione sui media, realizzando alcuni cortometraggi sperimentali in cui, fra l'altro, spazia dall'animazione astratta al figurativo, dal bianco e nero al colore (spesso sovrassaturo), dal disegno al collage di fotografie alla ripresa dal vero, e sempre anticipando con un lavoro da certosini in pellicola un "visibile" che anni dopo sarebbe stato più facile da realizzare in elettronico[154].

A Rybczyński interessa l'articolazione complessa di movimenti multipli in ambienti quasi claustrofobici. Non si tratta solo di uno sterile esercizio tecnicistico ma di una sorta di analisi delle varianti esistenziali all'interno di un luogo nel quale la vita può fluire secondo comportamenti diversi e contrastanti. Questa intenzione è visibile chiaramente in *Tango* (1980), i cui protagonisti non raccontano alcuna storia, ma si limitano ad esibire se stessi costruendo quasi un saggio scientifico, una sociologia decostruzionista dedicata agli atteggiamenti stereotipici della vita quotidiana. Così uno spazio quotidiano si trasforma per 8' in un inusuale palcoscenico per una singolare danza di burattini umani. Ben 36 azioni diverse hanno luogo nella srabza, tutte indipendenti l'una dall'altra. Solo alla fine i personaggi usciranno di scena per mai più tornare. L'artista trova in

---

154 *State of Images: The Media Pioneers Zbigniew Rybczyński and Gábor Bódy*, Distributed Art Pub Incorporated, 2011

Tango la maniera di proporre una variazione sul tema: *pixilation*[155] in cui si sottopongono a tale procedimento non oggetti inanimati ma veri e porprio attori. Vincerà il premio Oscar nel 1981.

Rybczyński si interroga sul senso e sull'essenza della realtà, tema trattato tra l'altro anche nel bellissimo *New Book* (Nowa ksiazka). In questa prova, il regista scompone l'inquadratura in nove riquadri promuovendo l'idea di città ipertestuale, modulare e sincronica. Il film si compone di nove piani-sequenza, che costruiscono una temporalità simultanea ed uno spazio illusorio. Le microazioni dei singoli spazi si svolgono contemporaneamente e i luoghi, se pur idealmente separati dalle finestre (e per giunta filmati in tre città diverse: Lòdz, Lowic e Pabiance) risultano contigui, visto che i personaggi passano da un riquadro all'altro lasciano intuire che si trovano a poca distanza. In questo modo Rybczyński obbliga lo spettatore a ripensare i modi di lettura e della messa in scena audiovisiva e dello spazio-tempo metropolitano. Fin dal titolo l'artista polacco indica un'inedita concezione del testo e della sua fruizione, che oltrepassa la tradizionale categorie estetiche di casualità linearità e consequenzialità narrativa. Il proposito di superare la forma libro e le sue modalità fruitive è, tra l'altro, perfettamente in linea con diverse ricerche che attraversano tanto la storia del cinema quanto quella delle arti visive. L'opera di Rybczyński rimette in discussione molte delle questioni estetiche e percettive legate alle trasformazioni occorse nell'ambiente metropolitano e nel sistema degli audiovisivi contemporanei: dall'idea di città *collage*, *patchwork* e ipermedia utilizzata dagli studiosi di sociologia urbana per analizzare la metropoli postmoderna (Amendola 2007) al superamento della nozione di montaggio a favore

---

155 http://www.giannirossi-fotoviaggi.com/Articoli%20diaporama/Pixilation %202.htm

di una coesistenza dei punti di vista. *New Book* si rivela essere da un punto di vista estetico e concettuale, un'opera già completamente elettronica se non digitale. E dunque perfettamente pronta e proiettata a interpretare la metropoli del futuro[156].

4.4 Struttura Multilineare: il cinema dopo l'ipetesto

Moltissime sono le osservazioni, le riflessioni e le interpretazioni che dall'esplosione di Internet e dall'avvento dei nuovi media, si sono accumulate in proposito. L'ipertesto, come abbiamo visto, è una delle caratteristiche fondamentali della nuova medialità interattiva, mentre il cinema è certamente un "vecchio medium" la cui storia è inestricabilmente connessa a quella della tecnologia e della cultura visuale della modernità. Per questo motivo, sorge spontaneo domandarsi se sia possibile rintracciare nel cinema esempi assimilabili alla nozione di ipertesto o alla pratica dell'ipertestualità. Esiste e in quale forma si propone, nel tessuto della narrazione cinematografica, una specifica figura del tempo ipertestuale?

Nel cinema sono frequenti i montaggi narrativi che intersecano sequenze temporali in modo non lineare. Si potrebbero citare, tra i più recenti: *21 Grammi, Venuto al mondo, La Tigre e il Dragone, Racconti da Stoccolma, Pulp Fiction, Lola Corre* etc. Sebbene il montaggio rappresenti un elemento indispensabile e consolidato nel linguaggio cinematografico, è opportuno specificare che gli esempi sopracitati non sono stati concepiti come narrazioni lineari, destrutturati e

---

156 YOD. *Cinema, comunicazione e dialogo tra saperi*, 2010, Effatà Editrice IT, 2011, p.59

successivamente ricomposti post-produzione. Al contrario, vengono progettati nella fase di pre-produzione come rispondenti ad una struttura drammaturgica multilineare o "parallela"[157] il cui intreccio narrativo trova il suo culmine con il montaggio (vedi Memento, par 4.3.3). Per poterne afferrare il potenziale espressivo e identificare i particolari problemi di costruzione, è necessario definire l'oggetto della discussione. Una prima distinzione riguarda una duplice possibilità di articolazione delle narrazioni multilineari:

- da una parte le *"strutture sequenziali"* presentano linee narrative separate e al tempo stesso interconnesse, che vengono narrate una dopo l'altra e si legano alla fine (film come *Pulp Fiction, Mulholland Drive* ricadono in questa categoria);

- dall'altra parte le *"strutture a tandem"*, in cui più storie interconnesse sono narrate in parallelo (*Magnolia, America Oggi, Traffic, City of Hope, Happiness, Crimini e Misfatti, Lantana, Sliding Doors*).

Un'ulteriore forma di narrazione parallela è la struttura in *flashback* (*Quarto Potere, Rashomon, C'era una Volta in America, Il Coraggio della Verità*) in quanto si articola su diversi piani temporali e mette in scena più tempi diegetici. Lo stesso può dirsi di narrazioni che si articolano su diversi piani di realtà diegetica, come ad esempio *Mulholland Drive* (2001) o *Il Sesto Senso*, dove intere sequenze appartengono al sogno, all'allucinazione, al soprannaturale: livelli di "non-realtà" che funzionano in modo simile al ricordo del *flashback*, ma con differenti esiti di senso. Sia le narrazioni parallele sequenziali, sia le narrazioni a tandem possono combinarsi con le strutture parallele in flashback.

---

157 Nelle drama theories angloamericane vengono chiamate strutture "multistrand" o "parallel narratives"

In ogni caso, è la struttura a tandem (probabilmente il nome deriva dal fatto che quando una linea narrativa smette di "pedalare" comincia a "pedalare" l'altra, e poi l'altra ancora etc) ad essere presa in considerazione nelle prossime pagine. È appropriato far notare che tali strutture non sono da confondere con le narrazioni a "protagonista/antagonista multiplo" che sviluppano all'interno di un'unica linea narrativa la competizione per la ribalta di un gruppo di personaggi che reagisce ad un determinato evento o rincorre lo stesso obbiettivo (*Il Grande Freddo, I Sette Samurai, I Magnifici Sette, Independence Day, Armageddon*). Si tratta di una struttura che intreccia tre o più linee narrative, ciascuna delle quali fa capo a uno o più protagonisti.

Il valore dominante nelle narrazioni parallele a tandem risiede nell'essere la forma più idonea a mettere in scena, attraverso la molteplicità delle storie e dei relativi personaggi (nella maggior parte dei casi tali strutture presentano una ricca comunità di personaggi), la complessità e la caoticità del reale con un effetto di realtà più pregnante. La caoticità della vita, la sua varietà di toni, di densità, di casualità e di destino, è più efficacemente rappresentabile in una molteplicità di storie che non in una struttura classica in tre atti dove tutti gli eventi fondamentali, le svolte di *plot*, i personaggi secondari, sono centripeti rispetto al protagonista unico o ai *subplot* a lui riferiti e, se ci sono storie secondarie, sono comunque variazioni del tema sviluppato dalla *story-line* del protagonista. Spesso, la struttura classica in tre atti, che consente di rappresentare con grande potenza valori forti e comunemente condivisi (bene/male, giusto/ingiusto etc), si scontra con la "dittatura" del punto di vista unico del protagonista. Le strutture a tandem permettono, da un certo punto di vista, una maggiore libertà: esse consentono di prendere i segmenti che più servono alle singole storie dei vari protagonisti in modo relativamente più arbitrario, meno graduale e cadenzato. La narrazione diventa oggettiva, esterna ai personaggi, il narratore è onnisciente. Tuttavia, la libertà acquisita prevede un prezzo da pagare. È possibile, infatti, un calo di coinvolgimento da parte del fruitore che non viene sedotto da un processo di totale identificazione con la psicologia e la logica del protagonista unico, ma iniziato (simultaneamente o quasi) a psicologie e logiche di più personaggi. In questo senso, la "temperatura" drammaturgica va compensata e, per farlo, si devono risolvere almeno due problemi specifici della struttura multilineare.

4.4.1 la scelta delle storie

Come in una struttura ipertestuale sorge spontaneo chiedersi: come si scelgono le storie da raccontare in una struttura multilineare? In realtà, si tratta di un quesito comune nel lavoro di sceneggiatura, ma se si lavora ad una struttura lineare in tre atti la soluzione è sicuramente più immediata: si può essere interessati ad un fatto di cronaca, un romanzo, un personaggio. Lo si esplora, lo si tratta, lo si racconta. È assodato che il senso ultimo della narrazione verrà esplicitato nella risoluzione, tra il climax e la scena finale; un significato che si potrà scoprire o si rivelerà nel corso della stesura o ancora lo si può individuare in un tema e, successivamente, costruirci intorno un personaggio e una storia che ne articoli pienamente il senso. In una struttura multilineare a tandem si deve necessariamente avere chiaro il tema della narrazione sin dall'inizio: è quella la sola bussola che consente di selezionare e costruire le storie da raccontare. Infatti, è il complesso delle storie e le relazioni che collegano le une alle altre, che definiscono il senso del film. Il senso di compiutezza della narrazione è dato da un finale soddisfacente che in qualche modo giustifichi le varie storie che sono state intrecciate. Ad esempio, due tra i più riusciti film con struttura a tandem *America Oggi* (dieci linee narrative) e *Magnolia* (nove linee narrative) si concludono con un evento catastrofico naturale: il terremoto nel primo caso e la celebre pioggia di rane nel secondo. Nulla a che vedere con il finale di una struttura classica in tre atti che si sviluppa secondo una logica finalistica dove le catastrofi in chiusura apparirebbero come una pesante violazione delle aspettative dello spettatore sull'arco di trasformazione del protagonista, non più artefice del proprio cambiamento, ma annichilito dal fato. Invece, nei due film considerati, funzionano come eventi catartici, seppure arbitrari: offrono una soluzione alla difficoltà di chiudere le varie storie (che non necessariamente chiedono di essere chiuse) con un finale unificante, che dia un senso di unitarietà alla narrazione. Certamente oggi vi sono spettatori che reputano un valore positivo del film la non esplicitazione di un tema unificante; anzi, apprezzano un finale 'aperto' a più significati, o ad un significato ambiguo ed elusivo ('come è la vita'), o ad un tema ampio, sociologico o 'ideologico'; tuttavia, la figura dello spettatore in attesa di un climax/risoluzione che riunifichi tutte le linee narrative e dia loro un senso univoco e chiaro, costituisce ancora la parte prevalente del pubblico. Non si tratta di un caso: il problema della nettezza del tema nelle strutture parallele a tandem e sequenziali si pose da subito, agli albori del cinema. A questo proposito Bordwell, Staiger e Thompson in *The Classical Hollywood Cinema* (1985), scrivono: "La narrazione classica si stabilizzò in un modello di causalità lineare con linee multiple di azioni intrecciate. Ma c'era almeno un'alternativa che i filmmakers avrebbero potuto teoricamente adottare – un modello basato sul parallelismo. Un film può seguire parecchie linee d'azione che non siano causalmente correlate, ma simili in qualche modo significativo. In effetti, i filmakers americani, nel periodo del cinema muto, sperimentarono occasionalmente la narrazione parallela. (…) Il fatto che tutti (…) questi film implichino critica sociale può spiegare perché il parallelismo si dimostrò una opzione improbabile nel paradigma classico: si presta immediatamente a temi ideologici piuttosto che personali. *Intolerance* (1916) di Griffith ravvivò la narrazione parallela, che però si dimostrò troppo astratta per poter essere utilizzata diffusamente. La catena causale con l'intreccio di linee d'azione vinse sul parallelismo come base del film classico". Un interessante tentativo di dare una risposta drammaturgica a questo limite delle narrazioni parallele a tandem è costituito da *Lantana* (2001): nel film si racconta l'indagine di un poliziotto riferita alla scomparsa di una psicoanalista. L'indagine permette di mettere in relazione un ampio numero di personaggi: la macchina "forte" del poliziesco (chi è l'assassino? Perché l'ha uccisa?) permette di "tenere" un livello di suspense altrimenti irrealizzabile in una narrazione multilineare che non usa il genere, si rivela soltanto alla fine come inappropriata: la donna non è stata uccisa, è morta per una banale caduta. Lo spettatore è allora costretto a rifarsi i conti trovandosi tra le mani un film che ha indagato a fondo, usando i meccanismi del genere più forte, il tema della difficoltà dei rapporti di coppia, della convivenza, dell'amarsi e del tradirsi.

4.4.2 il passaggio tra le linee narrative

In una struttura multilineare, come si passa da una linea narrativa all'altra? Solo apparentemente si tratta di una questione tecnica: in realtà, la risposta determina il ritmo stesso della narrazione e la sua fruibilità, la buona tenuta sia della sospensione della realtà, che del livello di attenzione da parte dello spettatore. Scomponendo la domanda in altre domande specifiche, come evitare la meccanicità del passaggio dalla linea A alla linea B, e poi alla linea C per poi tornare alla linea A o B, e così via? Se si deve rinunciare alla consequenzialità aristotelica tipica della struttura classica in tre atti, come evitare di far sentire il peso dell'arbitrio nella scelta di quanto narrare nelle singole linee? Si può affermare che ogni linea narrativa sia costituita da una struttura in tre atti, ciascuna con i propri *plot points*[158]: ci sarà un primo atto della struttura multilineare composto dai primi atti di tutte le linee con *setup*[159], presentazione dei protagonisti, incidente scatenante etc. Ma come evitare di frustrare lo spettatore il quale, entrato all'interno di uno sviluppo di linea, si vede interrompere quello sviluppo per essere trascinato di peso in un'altra linea, in un punto diverso di sviluppo del *plot* della prima, o magari intorno allo stesso punto, ma daccapo? Come evitare di perdere l'impulso ritmico della storia che progredisce, se si deve spesso fermare ciascuna linea per "far pedalare" l'altra e poi l'altra ancora? Una prima considerazione consiste nel fatto che la maggiore arbitrarietà nella scansione progressiva delle linee narrative, implica che alla causalità della struttura classica in tre atti si affianchi una buona dose di casualità. In genere, la "coincidenza" nella struttura in tre atti è consentita solo nell'evento scatenante (chiamato anche, non a caso, incidente scatenante). Una

---

158 Chiamati anche *tourning points*, sono meccanismi narrativi utilizzati nella stesura di una sceneggiatura cinematografica. Nella struttura in tre atti, i *plot points* sono snodi importanti nell'avanzamento della narrazione, si collocano poco prima della chiusura dei singoli atti. Vengono suddivisi in maggiori e minori. I primi all'inizio della storia servono ad aprirla, i secondi spingono verso la risoluzione. I finali d'atto devono necessariamente corrispondere ad un'evoluzione del personaggio principale.

159 Contesto drammatico che caratterizza il primo atto. Questo, infatti, imposta la storia stabilendo di chi e di cosa si parla e definendo i rapporti tra i personaggi e i loro bisogni.

volta "capitato" l'evento, la coincidenza è l'ultima risorsa dello sceneggiatore (nel poliziesco, un tabù) poiché traspare l'esigenza di far accadere una determinata cosa, ma viene meno il criterio della necessità consequenziale degli eventi. Questi ultimi, infatti, avvengono perché una volontà (del protagonista, dell'antagonista) li determina o ne scatena la successione causale. Le strutture multilineari, che già nella scelta e nel numero delle linee da sviluppare introducono un elemento di arbitrarietà, possono avvalersi di un tasso più elevato di casualità. La coincidenza, l'alone di fatalità, di destino ineluttabile grazie alla collettività più o meno vasta che abita quell'universo narrativo diventa elemento costitutivo della narrazione, in particolar modo nelle strutture binarie (*Sliding Doors* 1998, *Lola Corre* 1998). È esemplare, da questo punto di vista, la voce fuori campo nel prologo di *Magnolia* (1999), che presenta tre episodi "straordinari" (omicidio, omicidio colposo e suicidio trasformato in efferato omicidio) con la considerazione finale che, date le circostanze curiose degli avvenimenti, sia meglio pensare che non si tratti di pure coincidenze. Tuttavia, tale straordinarietà non risuonerà più di tanto nel corso della narrazione, ma è comunque servita a predisporre lo spettatore ad un elevato tasso di arbitrio che nella narrazione si può tradurre in *casualità coincidentale*. Le strutture multilineari a tandem sono prevalentemente *low concepts*, ovvero storie orientate sui personaggi: i sistemi di relazioni interpersonali sono dominanti. Rapporti sentimentali, di amicizia, di sangue, di lavoro rappresenta il contesto in cui è possibile stabilire nessi tra le storie da raccontare. Le tre sorelle di *Happiness* (1998), la scomparsa di una psicoanalista in *Lantana*, Los Angeles per *America Oggi* (1993), offrono ambientazioni e contesti in cui è certamente plausibile che si scatenino coincidenze, incontri, incroci di linee e di protagonisti. Ovviamente non tutti i passaggi possono essere risolti dalla casualità: le coincidenze vanno usate con cautela. Osservando i titoli presi in considerazione, si può notare come le possibilità di passaggio da una linea all'altra siano realizzabili sia con espedienti meramente tecnici, sia con espedienti narrativi. Nel primo caso è frequente l'utilizzo di transizioni di scena, una battuta di dialogo in una linea narrativa in cui si menziona un personaggio assente permette di andare subito a "vedere" quel personaggio trasferendosi su un'altra linea narrativa; nel secondo caso, si può seguire un personaggio di una linea narrativa che, alla fine del proprio "segmento", esce e si reca da un altro personaggio, protagonista di una diversa linea narrativa (per esempio, una paziente che lascia il figlioletto e va da uno psicanalista, un poliziotto che esce da una lite col suo capo e va ad interrogare un sospetto di omicidio etc.); o ancora, ma qui torniamo alla *coincidentalità* offerta dal contesto, un luogo fisico, una stazione, un bar, un grande magazzino, un "Grand Hotel", dove materialmente si incrociano protagonisti di differenti linee narrative che possono (e il problema è drammaturgico) o meno (e qui, il problema è tecnico) confluire in un'unica linea o dar vita ad una terza[160].

---

160 S. Field, *Come risolvere i problemi di sceneggiatura. Dal sintomo alla causa, dalla causa alla terapia*, Dino Audino, Roma 2001; Si veda anche: Giulia Carluccio, *Cinema e racconto. Lo spazio e il tempo*, Loescher, Torino, 1988; E ancora: Fulvio Carmagnola, *Plot. Il tempo di raccontare nel cinema e nella letteratura*, scriptonline.it

4.4.3 Memento

Negli ultimi anni, come abbiamo visto, sono stati molti i film che hanno richiamato l'attenzione del pubblico e della critica per la loro non linearità narrativa e per il loro particolare modo di sviluppare l'intreccio con l'uso di *flashback* e *flashforward*. Queste narrazioni disorientano lo spettatore, il quale è stimolato a ragionare, oltre che sulla trama, anche sul film stesso, secondo una logica tipicamente postmoderna. Il titolo più attinente al concetto di ipertestualità narrativa è *Memento* (2000) dei fratelli Jonathan (soggetto) e Christopher (sceneggiatura e regia) Nolan, una ricostruzione a posteriori della destrutturazione di una "storia di vita" da parte del protagonista stesso, Leonard Shelby, sofferente di una forma incurabile di amnesia anterograda (perdita di memoria a breve termine) causata da un trauma cranico a seguito di un attacco subito da due uomini con il volto coperto. Da allora vive aiutandosi con foto, appunti, note e tatuaggi, per portare avanti la sua missione: vendicare la moglie, stuprata e uccisa da un certo John G, come riporta uno dei suoi tatuaggi. Ad aiutarlo, due persone: il gioviale Teddy e la barista Natalie. La narrazione si svolge in maniera reticolare e si sviluppa da un lato a ritroso nel tempo, dall'altro avanzando verso un percorso cognitivo che rappresenta gli sforzi del protagonista di ricordare.

Leonard Shelby: «Devo credere in un mondo fuori dalla mia mente, devo convincermi che le mie azioni hanno ancora un senso, anche se non riesco a ricordarle. Devo convincermi che, anche se chiudo gli occhi, il mondo continua ad esserci... allora sono convinto o no che il mondo continua ad esserci? ...c'è ancora? ...sì. Tutti abbiamo bisogno di ricordi che ci rammentino chi siamo, io non sono diverso... Allora, a che punto ero?»

158

Attraverso l'affascinante intreccio narrativo di *Memento* lo spettatore è obbligato ad una visione del film più attenta, ragionata. Come il protagonista Leonard Shelby, anche lui dovrà collegare tutti gli indizi che gli si porranno lungo il percorso narrativo per giungere alla soluzione dell'intrigo. Anche se *Memento* si può accostare al genere *noir* o ad una *detective story*, la domanda principale a cui lo spettatore dovrà rispondere non è la classica "Chi è l'assassino?", ma "Come mai quella persona è l'assassino?". L'immedesimazione profonda con il personaggio fa si che si condivida con lui il procedere in avanti nella storia senza sapere cosa sia successo in precedenza, conoscendo prima l'effetto e poi la causa. Il regista Christopher Nolan ha voluto costruire un intreccio basato su una frammentazione quasi geometrica della fabula[161] dando vita ad un film assolutamente non lineare dal punto di vista narrativo, nonostante alcuni sostengano che sia perfettamente lineare e che la sola particolarità risieda nel suo procedere al contrario. In realtà, la struttura è molto più complessa e, come possiamo vedere nell'immagine, procede su due binari: le scene che si susseguono sono alternativamente l'ultima in ordine cronologico, poi la prima, poi la penultima, poi la seconda, e così via. L'inizio del film è l'epilogo della storia, poi abbiamo delle sequenze in bianco e nero che si alternano a sequenze a colori. Queste ultime procedono a ritroso, mentre quelle in bianco e nero procedono in avanti linearmente, cosicché alla fine del film queste due unità narrative (a colori e in bianco e nero) si uniranno rivelandoci da una parte la realtà scioccante della vicenda, dall'altra il centro perfetto della storia. Le prime tre sequenze del film sono essenziali perché ci introducono in modo veloce nella narrazione e ci presentano immediatamente le diverse tipologie di sequenza che si alterneranno per tutto il film. La prima

---

161 Strutture narrative film: http://www.storycharts.ca/

sequenza è un *rewind* (sequenza a ritroso) e scuote lo spettatore immergendolo nel tipo di intreccio: la sua funzione consiste nel dirci di cosa parlerà il film (come mai Leonard ha ucciso Teddy?) e in che modalità procederà la storia. La seconda sequenza è in bianco e nero e ci mostra Leonard che si sveglia nella stanza di un motel. Sentiamo la sua voce fuori campo, come un monologo interiore, dare vita ai suoi ragionamenti: «Allora dove sei...? Sei in una stanza d'albergo... ti sei... ti sei svegliato e sei in una stanza d'albergo, ecco la chiave... per te è come se fosse la prima volta che sei qui ma... invece potresti essere qui da una settimana... o tre mesi... difficile dirlo». In questo caso iniziamo a capire con quali occhi (quelli di Leonard) noi guarderemo la storia, il susseguirsi degli eventi. Anche quando non è presente il monologo interiore, nelle sequenze a colori, il punto di vista sarà sempre il suo. La terza sequenza a colori, ci informa su ciò che è successo poco prima della sequenza in *rewind*, nella quale abbiamo assistito ad un omicidio. Noi seguiamo Leonard in tutti i suoi movimenti e ragionamenti, crediamo a ciò che dice e siamo convinti che sia nel giusto: hanno ucciso sua moglie e per questo vuole vendicarsi superando l'handicap del disturbo mnemonico attraverso un metodo da lui stesso inventato. Come non fidarsi ciecamente di lui? Soprattutto dopo aver constatato che gli altri personaggi del film presentano una certa ambiguità.

Ebbene, dopo aver vissuto la storia dall'angolazione focale di Leonard, ad un certo punto ci rendiamo conto che il narratore a cui ci siamo affidati è in realtà un narratore inattendibile; dobbiamo quindi accettare l'idea di un distacco che si rivelerà necessario per osservare gli eventi in modo oggettivo. Nonostante il narratore sia intradiegetico, non racconta i fatti come sono realmente. Si può quindi fare una considerazione: Leonard può essere definito un narratore inconsapevolmente inattendibile. Il suo disturbo non gli permette di ricordare di aver rimosso la verità una o più volte, esclusivamente per avere sempre uno scopo che lo tenesse in vita, un'idea per la quale lottare. Noi affidandoci a lui, riceviamo durante il film alcuni indizi sul fatto che la verità delle cose è relativa, che il disturbo di Leonard può causare una sua visione distorta del mondo. Lo capiamo quando scopriamo che Natalie gli mente e quando Teddy gli racconta tutto. Quindi giocando sulla totale vicinanza dello spettatore in Leonard, l'inattendibilità del personaggio narratore fa sì che ci sia un effetto sorpresa molto forte (e doloroso), chiave dell'intero film[162].

La scena finale del film è, quindi, cronologicamente centrale e rappresenta il punto di scioglimento dell'intreccio. La tecnica replica il punto di vista del protagonista, che, afflitto da mancanza di memoria a breve termine, dimentica tutto ciò che ha vissuto nell'immediata precedenza. Lo spettatore, quindi, venendo a conoscenza di fatti di cui non conosce l'origine, si trova nella stessa condizione di spaesamento del protagonista. Ma al di là della trama, il film è incentrato sulla necessità umana di ancorare la vita a una successione temporale di eventi. Nel momento in cui ciò non è possibile, essa stessa diventa qualcosa di ingestibile. Il protagonista non sa neppure quanto tempo è passato dall'incidente e ogni volta che si risveglia scopre di nuovo tutto da capo, così come non ricorda cosa stesse facendo a distanza di pochi minuti. Ciononostante, la necessità di avere uno scopo è così forte da spingerlo a continuare a vivere, per citare le sue parole, grazie "all'istinto, all'urto e al metodo".

Nella versione distribuita in Europa è inclusa una copia del film con le scene montate in ordine cronologico, a creare una sequenza lineare. Tuttavia non

---

162 Christopher Nolan, Memento:
    http://www.christophernolan.net/files/narrativeMementoSchmidt.pdf

è da considerarsi una versione alternativa del film, quanto un semplice contenuto extra predisposto dallo studio di distribuzione.

È comunque interessante comparare la versione cronologica con la versione originale del film in quanto tale operazione, se per molti risulta chiarificatrice riguardo alcuni aspetti un po' troppo criptici da comprendere ad una prima visione, in realtà mostra come la sequenza lineare destabilizzi l'intero equilibrio narrativo che si viene a creare nella versione originale. Non c'è più quel crescendo di tensione narrativa, di suspense, nella versione cronologica il montaggio ha esclusivamente la funzione spazio-temporale, che risulta però statica rispetto alla versione originale, in quanto priva di un intreccio entusiasmante. Quindi, in *Memento*, troviamo un esempio particolare di montaggio inteso come processo fondamentale. L'intreccio delle sequenze ha un fine ultimo accuratamente ragionato, ed è solo attraverso il montaggio che questo fine può essere raggiunto. L'effetto sorpresa che hanno gli spettatori verso il concludersi del film, ma anche già dalle prime sequenze in cui sono catapultati nel mondo "al contrario", non poteva essere reso se non con questo lavoro fondamentale (*Cap. 4.3.*).

Infatti, come sottolinea la montatrice del film Dody Dorn, per aiutare lo spettatore a collegare in modo semplice le sequenze a colori (intramezzate da quelle in b/n) sono state usate delle "icone", ossia dei volti, delle espressioni, delle frasi che aprono la prima sequenza e concludono quella successiva in modo che lo spettatore riesca ad invertire mentalmente il rapporto di causa-effetto degli eventi del film e a collegare le sequenze nonostante lo stacco del flashback in bianco e nero. Per esempio, tra l'epilogo a ritroso e la prima sequenza a colori, l'icona che collega le due parti è l'urlo di Teddy nel momento in cui realizza che Leonard gli sta per sparare. Nella versione cronologica tutto ciò è estremamente irrilevante, ma la frammentazione rimane con tanto di ripetizione (che in questo caso risulta inutile) delle icone di ogni scena. La tensione utile all'equilibrio narrativo, attraverso i vari *turning points* e i conflitti che rendono avvincente la storia, nella versione cronologica subisce uno sbalzamento: se prima il conoscere man mano la storia di Sammy Janckis, il capire la psicologia dei personaggi procedendo a ritroso, il collezionare indizi con Leonard, rendeva il tutto più misterioso e avvincente, ora la linearità lo rende piatto e, dal punto di vista della fruibilità, troppo immediato. Noi scopriamo quasi subito il finale della storia di Sammy, poi scopriamo a metà film che Leonard mente a se stesso per continuare ad avere uno scopo, l'effetto sorpresa del doppio gioco di Natalie nei confronti di Leonard scompare. E allora se prima la domanda portante del film era "Come mai è lui l'assassino?" ora sembra essere "ucciderà quell'uomo anche se non è il vero colpevole?".

Memento, nonostante la sua natura filmica contenuta in centotredici minuti di durata e l'assenza di interazione fisica, (a mio avviso) è forse l'esempio più riuscito del concetto di ipertestualità narrativa. Questo perché:

- la narrazione si presenta non-lineare, ma ciò non costituisce un problema, anzi, viene sfruttato proprio questo aspetto per saltare da un punto all'altro della vicenda senza perdere il continuum emotivo che, come abbiamo visto, trasposto in una struttura lineare sequenziale risulterebbe irrilevante;
- la narrazione inizia ad incidente scatenante già avvenuto (casualità), noi non possiamo fare altro che aggrapparci al protagonista e guardare attraverso i suoi occhi (causalità);
- ciò presuppone che la nostra conoscenza sia limitata alla conoscenza del nostro protagonista, noi sappiamo solo ciò che egli viene a sapere e percepiamo il suo punto di vista come "vero";
- questo avviene fino a quando gli eventi iniziano ad insinuare in noi il dubbio che la verità del protagonista non corrisponda prettamente alla sfera del reale.

A tal punto, viene aggiunta una componente invisibile ma fondamentale (che nell'*hyperfiction* manca): il gioco. Il gioco inteso non come attività ludica ma come "interazione ideale", un desiderio di scoperta che spinge alla ricerca di una soluzione o al raggiungimento di un obbiettivo, per mezzo degli indizi che il regista ci rivela nel corso dell'intreccio, ma che sono stati predisposti già all'inizio del film. Infatti, se la prima parte ci aiuta a capire il contesto narrativo e ci mostra il personaggio di riferimento come unico punto di vista, la seconda ci strappa bruscamente dal suo punto di vista per indurre a concentrarci sul nostro. Così ci ritroviamo con l'interpretazione di Leonard (della quale siamo dubbiosi) da un lato, la nostra interpretazione (che inizia a prendere forma) dall'altro e la domanda iniziale "come mai Leonard ha ucciso Teddy?" alla quale cercheremo di trovare una risposta (la domanda, talvolta, permane anche dopo la fine del film). Da questo momento, infatti, avviene una trasformazione del ruolo di spettatore che è alla base dell'interazione e può essere sintetizzato nei seguenti punti:

- la narrazione può essere vista come una sorta di puzzle (gioco) in cui il fruitore non è passivo, ma stimolato alla partecipazione (o reazione) attiva;
- sapendo di non potersi più fidare né di Leonard né dei personaggi che abitano il suo mondo, il fruitore viene spinto verso una propria costruzione della storia, alla ricerca di una risoluzione o di un significato unificante;
- a differenza di Leonard, lo spettatore non ha nessun disturbo della memoria e ogni pezzo del puzzle porta con sé nuovi risvolti;
- il finale diventerà uso esclusivo dello spettatore in quanto Leonard lo dimenticherà nell'arco di pochi minuti.

Lo schema di base della drammaturgia è antico come l'*Edipo re di Sofocle*. Non ci troviamo davanti ad un testo "edipico" nel senso freudiano del termine, ma ad un'analogia strutturale che riguarda il *plot*: questo è costruito come un rompicapo a climax, con un crescendo di rivelazioni che, completandosi a vicenda, portano il protagonista a scoprire la sua "colpevolezza". Quest'ultima non consiste in azioni criminose (o almeno, non soltanto) quanto piuttosto in un delitto di "lesa memoria": egli, investigatore di professione (presso una società assicurativa), ma anche per missione (è alla caccia del presunto assassino della moglie), accumula prove che gli consentono di sostituire alla realtà dei fatti vissuti la loro immaginazione. In questo modo riesce a giustificare i suoi delitti. Ma Leonard Shelby, come Edipo, non agisce secondo un progetto criminoso, egli per primo è vittima e punitore di sé stesso, martire e assassino, inquirente e inquisito. In definitiva, un uomo in balia del destino, rappresentato dagli "altri" (i banditi, i poliziotti, gli opportunisti, i falsi) che, come divinità maligne, fanno di lui lo strumento inconsapevole delle loro macchinazioni.

Capitolo Quinto
NARRAZIONE PER GIOCO

Il libro-gioco è la forma più diffusa e popolare di narrazione ipertestuale. Si tratta di un volume contenente un racconto a bivi: esso è spezzato da scelte che rimandano a diversi paragrafi con diversi sviluppi della storia. La vicenda procede di rimando in rimando fino ad uno dei tanti possibili finali: se il lettore non è soddisfatto o vuole scoprire sviluppi alternativi, può ricominciare da capo. Il meccanismo della narrazione a biforcazioni (secondo me) prende spunto dalle opere a finali molteplici: Mozart applicava due diverse conclusioni al Don Giovanni, che ha diretto personalmente sia mettendo in scena una fine lieta, sia una tragica; allo stesso modo, Rossini preparò due diversi finali per Tancredi. Lo stesso stratagemma è stato successivamente utilizzato negli Stati Uniti dall'industria cinematografica per andare incontro ai gusti del pubblico: ne è la caricatura il film *Signori, il delitto è servito* (Jonathan Lynn, USA 1985), una commedia poliziesca ispirata al gioco da tavolo *Cluedo* che propose tre diverse conclusioni. All'uscita nei cinema statunitensi, sale diverse proiettavano finali differenti; l'edizione italiana, così come quella americana (*Clue*), li propone tutti e tre in sequenza indicando i primi due come possibili e il terzo come veritiero. In Italia, nel 1969-1970 lo scrittore per l'infanzia Gianni Rodari conduce la trasmissione radiofonica "tante storie per giocare" nel corso della quale, i bambini potevano scegliere uno dei tre finali predisposti dall'autore per concludere la fiaba (Rodari, 1971). Il libro-gioco si basa sull'iterazione di queste scelte, non limitandole ad un unico snodo centrale che consenta la sola decisione tra più conclusioni, ma portando a tutta una rete di snodi grazie alla quale il lettore ha a disposizione molti percorsi attraverso paragrafi intermedi. In questo modo, il fruitore può costruire molteplici trame alternative, a volte parzialmente identiche o simili, che si concludono con uno dei numerosi finali possibili. Il libro-gioco può quindi essere letto più volte e la vicenda è sempre diversa a seconda delle decisioni prese dal lettore. L'insieme dei possibili percorsi prefigura un albero di storie o meglio, potendo certi rami innestarsi in altri, un vero e proprio labirinto in cui il sistema di rimandi funge da filo d'Arianna. Nei libri-gioco i paragrafi non vengono letti in ordine ma saltando avanti e indietro lungo il volume. Alla fine di ognuno di essi la narrazione si interrompe per proporre diverse alternative al lettore che rimandano a paragrafi differenti. Talvolta il rimando non è libero ma dipende da condizioni oggettive descritte dall'autore: un evento precedentemente accaduto al personaggio protagonista, l'annotazione di determinate variabili su una "scheda del personaggio", il risultato del lancio di un dado o un altro evento casuale, quando non si ricorra a soluzioni più complesse determinate da regole affini a quelle dei gdr (*Capitolo Primo*). In realtà il rimando del libro-gioco non è che uno dei possibili rimandi ipertestuali consentiti dall'oggetto libro e in effetti, essi sono già potenzialmente, uno strumento presente nei libri tradizionali: note a piè di pagina, i riferimenti incrociati all'interno dei testi, i glossari, i riquadri di approfondimento, i rimandi da una voce all'altra prefigurano su carta percorsi alternativi di lettura. L'Enciclopedia, presentando gli argomenti secondo un ordine alfabetico del tutto artificiale, costringe il lettore ad una lettura non sequenziale e alla costruzione di percorsi di lettura personalizzata. Leggere un'enciclopedia secondo l'ordine alfabetico delle voci diventa un'impresa folle, come sottolinea ironicamente Edgar Lee Masters nella sua *Antologia di Spoon River* e ancor di più Fabrizio de Andrè nella relativa rielaborazione musicale:

"Per stupire mezz'ora basta un libro di storia

io cercai d'imparare la Treccani a memoria

e dopo maiale, Majakowsky, malfatto

continuarono gli altri fino a leggermi matto"

Fabrizio de Andrè, *Non al denaro non all'amore né al cielo*, 1971

In alternativa alla sequenza data dall'ordine delle pagine, l'enciclopedia prevede una rete di rinvii non sempre espliciti che spesso, pur dietro ad un'apparente casualità, sono preordinati dagli autori esattamente come quelli dei libri-gioco.

5.1 Il lettore che diventa protagonista

Il libro-gioco nasce come sistema per assecondare, o a volte frustrare, le aspettative del lettore: il fruitore della storia, che ne è destinatario ultimo, rimane tutto sommato estraneo ad essa. I finali sono tutti sullo stesso piano, non ve ne sono di "vincenti" o "perdenti": lo scopo dell'utente è di comporre una storia di proprio gusto, ricominciando da capo ogni qual volta lo si desideri, o quando l'esito della vicenda non sia gradito, o per soddisfare la curiosità di vedere a cosa conducano le molteplici alternative rimaste inesplorate.

Nei libri-gioco per bambini non c'è una diretta immedesimazione con il protagonista della storia e infatti il lettore prende decisioni che non dipendono dalla volontà di costui ma dalla propria. I libri-gioco rivolti ai ragazzi e agli adulti, invece, chiedono al lettore un passaggio in più: di riconoscersi nel personaggio protagonista della vicenda, come avviene nei giochi di ruolo o nelle avventure per computer dove occorre vestire i panni di un personaggio e comportarsi con sagacia e abilità. A quel punto, nell'equilibrio del racconto-gioco gli aspetti ludici assumono un peso maggiore rispetto a quelli di puro racconto. Nei libri-gioco di questo genere il lettore diventa il protagonista della trama che vive attraverso i suoi occhi. Sa soltanto quello che il protagonista viene a sapere e prende decisioni che influenzano solo il comportamento di quest'ultimo. Ci sono scelte "migliori" che portano verso un lieto fine e scelte "peggiori" che portano verso una sconfitta. La speranza del lettore è arrivare a risolvere il libro-gioco giungendo a uno o più finali che si possono considerare "vittoriosi". Questa richiesta di immedesimazione, questa necessità di calarsi pienamente nel testo può farci vedere il libro-gioco come un anello della catena che, con il passare dei secoli, porta dal romanzo al cinema, all'ipertestualità, in una crescente immersione del lettore/spettatore nell'esperienza di fruizione. Talvolta, vengono aggiunti meccanismi ludici sofisticati al semplice sistema delle biforcazioni, come schedine da compilare con un profilo del personaggio, risorse da scegliere prima dell'inizio dell'avventura (oggetti o incantesimi) o da gestire nel corso del suo svolgersi (come un ammontare di denaro), dadi da lanciare, appunti d prendere durante il gioco, mappe su cui muoversi, annotazioni più o meno criptate da effettuare etc. molti dei meccanismi di questi libri sono direttamente ispirati e discendenti da quelli dei gdr e costituiscono l'altro grande filone di ispirazione dei libri-gioco: le Avventure in solitaria, ovvero avventure o scenari da giocare da soli e senza *Master* (narratore, vedi *Capitolo Primo*). Rispetto ai racconti a bivi, l'approccio al gioco è completamente opposto: l'aspetto decisionale e la trama non sono elementi preponderanti, al centro dell'avventura c'è la sfida, l'esplorazione, la sconfitta di mostri e avversari, la risoluzione di enigmi e puzzle, il ritrovamento di artefatti particolari e infine la distruzione del "mostro" finale. Il gioco e la sfida sono, quindi, preponderanti e tutte le scelte del giocatore possono portare solo a tanti tipi diversi di sconfitta o all'unico finale positivo. I moduli pubblicati sono strettamente legati ad un particolare regolamento e ad una specifica ambientazione di gdr già conosciuti e diffusi e sfruttano le loro meccaniche e locazioni per proporre avventure e missioni destinate a giocatori singoli. Siamo quindi in mancanza del *Master*, in questi casi sostituito direttamente dal compilatore dell'avventura e le scelte possibili per procedere nella trama sono ridotte a quelle imposte dal testo. Il giocatore prepara da solo la scheda del personaggio, studia le regole che dovrà applicare durante l'avventura come se fosse, in parte, anche arbitro di gioco e poi si addentra nella missione proposta dal modulo, gestendosi autonomamente attraverso i combattimenti, le prove e gli ambienti da esplorare. Un esempio è il leggendario *Dungeons&Dragons*, considerato il padre dei gdr, ha fornito lo spunto alla nascita di tutto il filone editoriale rimanendo tutt'ora il più diffuso e conosciuto[163]. Altro esempio imprescindibile di questo filone è *Buffalo Castle* edita dall'inglese Flying Buffalo nel 1976 per il gioco di ruolo *Tunnels&Trolls*. Si tratta appunto di un'Avventura in solitaria, che non prevede la presenza di un Master ma solo quella di un singolo giocatore, purché dotato del regolamento di T&T. Nel 1984, un accordo tra la Marvel e la TSR di *Dungeons & Dragons* mette in campo *Marvel Super Heroes*, titolo che poteva sfruttare tutti i personaggi, le storyline, gli artefatti e i mondi dei personaggi Marvel. Il sistema di gioco era chiamato *FASERIP*, acronimo delle sette caratteristiche di base dei personaggi: Fighting, Agility, Strength, Endurance, Reason, Intuition e Psyche. Sulle orme della Marvel, nel 1985 anche la DC di Superman, Batman e Wonder Woman decide di

---

163 Per maggiori informazioni su D&D e la campagna dei Forgotten Realms, il sito ufficiale http://www.wizards.com/Dnd/

scendere nel campo dei giochi di ruolo e lo fa attraverso *DC Heroes*, sviluppato dalla Mayfair Games. Anche questo gioco si basa su punti creazione da suddividere, ma risulta a livello di meccaniche più elaborato di *Marvel Super Heroes* e più semplice e immediato di *Champions*, i due grandi concorrenti dell'epoca. Anche *DC Heroes* fu ben supportato, con delle edizioni successive datate al 1989 e al 1993.

5.1.1 Il libro-gioco in Italia

Il primo libro-gioco apparso in Italia si rivolge ai ragazzini in età da scuola elementare. La prima pubblicazione di questo genere è *Sugarcane Island* (Avventure nell'Isola) di Edward Packard, scritto nel 1969 e pubblicato per la prima volta nel 1976. Si tratta di un racconto interattivo, composto di un centinaio di pagine-paragrafi che consente di vestire i panni di un piccolo Robinson Crusoe in chiave moderna, naufragato su un'isola esotica. Alla fine di ogni paragrafo il lettore poteva decidere come far procedere la storia, esplorando l'isola in diverse avventure o filoni tematici. *Sugarcane Island* diviene il prototipo della serie *"Choose your own Adventure"*, edita dalla Bantam Books e che conta nella versione in lingua originale quasi 200 volumi e diversi progetti ancora attivi. Il primo vero numero della serie è comunque *The Cave of Time* (La Caverna del Tempo), pubblicato nel 1979 e sempre scritto da Packard, il quale firmerà poi complessivamente, assieme ad un nucleo di pochi altri autori, la maggior parte dei numeri della collana. La serie rimane sempre coerente e costante nello stile, le pagine sono intorno al centinaio, i finali possibili intorno alla quarantina, i bivi conducono spesso a finali diversi e morti improvvise,

172

fallimenti e perfino a finali di vittoria secondari. Essendo la scelta dei paragrafi e, in rari casi, la gestione di un piccolo equipaggiamento o lo studio di una mappa, l'unico elemento ludico della serie, la parte "decisionale" diviene determinante per la stessa narrativa del libro. In altri termini, ogni volume non segue mai una storia singola, con una trama ben definita, ma avvia il lettore sulle mille possibilità anche conflittuali di un'avventura. Seguendo una serie di bivi si può giungere a scoprire una particolare verità o a conseguire un particolare obiettivo che invece, attraverso altre scelte, potrebbero essere del tutto diverse o sbagliate. La parte ludica è sicuramente ridotta, non vi sono mai "combattimenti" con regole e punteggi specifici, non si lanciano i dadi e non vi sono abilità o "poteri" da scegliere e gestire.

I bambini restano in un primo momento il pubblico di riferimento per gli editori di libri-gioco. Appaiono coloratissime collane in cui il testo si riduce a poche righe per far spazio a variopinte illustrazioni: queste ultime contengono labirinti, enigmi e giochi la cui soluzione condiziona il rimando a una pagina piuttosto che a un'altra. Saranno proprio gli editori che hanno portato il libro-gioco in Italia a sviluppare lo stesso modello con autori italiani, pubblicando "*Il mistero del deserti dei cactus*" di Stefania Fabri e Maurizio Caminito (Nuove edizioni Romane, Roma 1987). Il primo libro-gioco pubblicato in Italia per ragazzi e adulti è Lo stregone della montagna infuocata, di Steve Jackson e Ian Livingstone (Supernova, 1985). Gli stessi autori vengono poi tradotti nella nostra lingua dalle edizioni E. Elle che registra il marchio "*libro-game*" e pubblica una vasta gamma di generi: dal fantasy all'horror, dallo spionaggio allo sport, dal poliziesco al mito greco, dai viaggi nel tempo ai romanzi rosa, riuscendo a trasformare il libro-gioco in un'ondata di successo per circa una decade. La collana di libri-gioco più popolare in assoluto è la saga fantasy di *Lupo Solitario*,

173

il cui primo volume esaurisce varie edizioni da 50.000 copie l'una. I volumi successivi hanno un forte riscontro di pubblico di tutte le età. Sulla scia della E. Elle diversi altri editori si cimentano nel filone: particolarmente ricca la produzione della Giunti, che ai classici libri-gioco per ragazzi affianca una bella collana con avventure di bambini polinesiani, nordafricani, cinesi. Notevoli inoltre i volumetti della già citata Stefania Fabri, insolitamente differenziati a seconda del sesso del lettore: *Tu sei il mago, Tu sei la maga, Tu sei il principe, Tu sei la principessa*.

I libri-gioco ebbero una certa fama tra la fine degli anni '80 e l'inizio dei '90 per poi sparire quasi completamente dalla circolazione: ad oggi in libreria si possono trovare alcune ristampe di Lupo Solitario del quale, per la gioia dei fan, viene presentata una nuova serie al Lucca Comics 2013. Lo sviluppo dell'editoria digitale e dell'*ebook* come nuovo supporto del testo, aprono al designer di libri-gioco nuovi orizzonti, grazie alla possibilità di implementare nel testo elettronico, che è per antonomasia non sequenziale, una rete di *hyperlink* che lo rendono completamente navigabile. In un articolo[164] Enrico Colombini, autore dell'ebook game *Locusta temporis*, mostra come l'ebook consenta di realizzare puzzle e diramazioni narrative molto più complesse di quelle che erano possibili nei tradizionali libri-gioco cartecei e in grado di avvicinarsi molto alla libertà narrativa offerta dai giochi di ruolo. Inoltre, lo sviluppo e la diffusione dei dispositivi *tablet* sta facendo emergere un nuovo genere di ebook, l'*enhanced book*, un tipo di ebook in cui possono convergere elementi multimediali come file audio o video. Per i designer di ebook game questa è senza dubbio una grande possibilità di rinnovare il genere potendo includere elementi fino ad oggi appannaggio esclusivo dell'intrattenimento videoludico e

---

164 Enrico Colombini sugli ebook: http://www.erix.it/

dando vita a forme di narrazione sincretiche in grado di sfruttare un numero molto ampio di sostanze espressive.

5.1.2 Non solo libri...

Oltre alla narrazione scritta, il sistema di rimandi caratteristico dei libri-gioco è stato applicato ad altre forme di comunicazione, così come il sistema dei finali multipli che, come detto precedentemente, è stato utilizzato per opere liriche, radiofoniche e cinematografiche.

Anche il mondo del fumetto scopre il libro-gioco: il settimanale *Topolino*, celebre rivista italiana dei personaggi Disney, avvicinandosi alla narrativa interattiva delinea un genere ibrido tra testo scritto e la vignetta, proponendo un connubio di avventure e comicità che ricalca lo prototipo della serie "*Choose your own Adventure*". La prima storia a bivi di Topolino uscì nelle edicole a Novembre del 1985, meritandosi anche la copertina dell'albo, che avvertiva: "Una storia sei finali! Per la prima volta al mondo!". Si tratta di *Topolino e il segreto del castello* di Bruno Concina. È, infatti, al prolifico sceneggiatore che si deve l'inserimento del genere a rimandi multipli all'interno dell'italiana casa Disney, proposto e approvato dal direttore Gaudezio Capelli.

Le avventure della serie sono molto semplici e avvincenti: il lettore può scegliere come continuare la vicenda secondo diramazioni della storia che ne forniscono una versione differente e non coordinata con le altre. Non c'è una sfida che il lettore deve vincere, non ci sono regole o meccaniche di gioco, ma solo il fascino di scoprire le varie diramazioni e implicazioni possibili della vicenda iniziale. Le trame scelte sono basate su situazioni di avventura: castelli infestati da fantasmi, viaggi nel tempo, reliquie archeologiche da ripescare e portare in salvo, mostri, alieni, magia, templi perduti, supereroi, cacce al tesoro, navi spaziali, banditi e sfide contro il fato. In Italia sono state pubblicate in totale 23 storie a bivi, alcune ripubblicate nel volume "*Paperi in gioco*" del 2005. Dopo anni di silenzio, le storie a bivi ritornano su Topolino che propone sul numero 3034 (gennaio 2014) "*Gambadilegno e Macchia Nera: i bivi del crimine*". La storia è di Marco Bosco e Nicola Tosolini e i finali a disposizione dei lettori sono addirittura sei.

Un altro volume ibrido tra testo e vignetta, ha per protagonista Lupo Alberto: in "*Due cuori in gioco*" (di Silver e Fabrizio Luzzatti; Glenat Italia, 1988) il noto personaggio deve cercare di raggiungere l'amata gallina Marta. Analogo ibrido per la collana Alea Iacta Est (ed. Mondadori) innaugurata da "*L'appuntamento del capo*", di Goscinny-Uderzo (Mondadori, Milano, 1989): una serie di libri-gioco dedicata ad Asterix il Gallico e alla sua tribù. C'è infine Dudley Serious, improbabile supereroe creato appositamente per una serie di storie-gioco a fumetti: in Italia ne vengono pubblicati due episodi, entrambi dalle edizioni Nexus. Numerose riviste pubblicano invece racconti-gioco di varia lunghezza: tra esse "L'Espresso", "Nuova Ecologia", "L'Eternauta", "Kaos", "The Unicorn" e il supplemento giochi di "Sorrisi e Canzoni TV". Man mano che i libri-gioco si diffondono, il meccanismo viene mutuato da altri strumenti. Il quotidiano "Il Manifesto" è l'unico giornale che abbia mai pubblicato articoli-gioco: La sorpresa di Ulisse, il 28 maggio 1989, sulla letteratura potenziale[165] e le sue applicazioni pratiche, nonché Simulandia il 24 dicembre dello stesso anno

---

165 OuLiPo acronimo dal francese Ouvroir de Littérature Potentielle, si tratta di un gruppo di scrittori e matematici che mira a creare opere attraverso la ricerca di nuove strutture e schemi, utilizzabili a discrezione dell'autore. Tra i principali esponenti ricordiamo i fondatori Raymond Queneau e Francois Le Lionnais, Italo Calvino, Paul Fournel e Marcel Duchamp.

sui giochi-strenna per Natale. Il meccanismo delle biforcazioni è stato adottato anche da alcune reti televisive americane che trasmettono serie televisive via cavo. Ogni puntata presenta una scelta: gli spettatori votano e in tempo reale viene trasmesso lo sviluppo della storia voluto dalla maggioranza.

Il 14 gennaio 1993, il quotidiano "Herald Tribune" ha annunciato in prima pagina l'inaugurazione del primo cinema interattivo: al Lowes Theater di New York si poteva infatti assistere a un thriller intitolato *I'm Your Man*, in cui gli spettatori esprimevano le loro preferenze sullo sviluppo della storia tramite uno dei tre bottoni colorati sul bracciolo della propria poltrona. Il primo cinema europeo di questo tipo è stato aperto a Bruxelles. Ben prima del cinema interattivo Paul Fournel, membro dell'OuLiPo, aveva già proposto di realizzare una "commedia combinatoria": al termine di ogni scena gli attori si sarebbero fermati chiedendo agli spettatori di votare per uno sviluppo della trama piuttosto che per un altro, in modo da realizzare uno spettacolo a misura dei gusti del pubblico. A metà degli anni Novanta la RAI ha scoperto le storie a bivi con la trasmissione Ultimo minuto: ad ospiti come Pippo Baudo e Alba Parietti venivano sottoposti racconti-gioco, ideati dalla cooperativa C.Un.S.A (Cooperativa Un Sacco Alternativa). I vip, nei panni di sé stessi, dovevano dimostrare di sapersela cavare in situazioni di emergenza. Anche il mondo della scuola ha usato con profitto i libri-gioco. La già citata Stefania Fabri, curando alcuni libri di lettura, ha inserito in appendice dei mini-racconti gioco da usare come ausili didattici, altri sono apparsi in libri di testo e sussidiari. Nel 1998 l'Assessorato alle Politiche Giovanili del Comune di Roma lanciato un concorso nelle scuole elementari e medie della Capitale: i ragazzi erano invitati a scrivere libri-gioco sul tema delle scritte a spray che deturpano muri e monumenti.

5.1.3 Struttura narrativa

Osservando il fenomeno si potrebbe dire che la peculiarità del libro-gioco consiste nel riuscire a costruire, pur conservando l'aspetto e la sostanza di un libro, una sorta di unione tra il fascino arcano del labirinto e la seduzione tecnologica degli ipertesti. L'immagine del lettore come viandante che si aggira nel labirinto del testo non è una novità: è un'immagine che si intreccia alla nostra tradizione narrativa e che raggiunge i suoi esiti più maturi con Calvino e Borges (*Capitolo Quarto*). Il libro-gioco rappresenta una formulazione estremamente semplificata e, forse, proprio per questo attraente: come un "libro aperto" aperto mostra i meccanismi che presiedono alla nascita degli intrecci narrativi catalogando sulla pagina i nodi romanzeschi che, di solito, risiedono nella mente dello scrittore. Un altro aspetto legato al labirinto spiega l'interesse per il libro-gioco da parte di un pubblico in larga parte adolescente: il labirinto ha sempre presentato stretti legami con i riti di passaggio che regolano l'ingresso dell'adolescente nell'età adulta, si pensi alla vicenda esemplare di Teseo. In un'età come quella della maturazione e dello sviluppo, un'esperienza narrativa basata sul fatto di operare delle scelte (e di verificarne le conseguenze) offre all'adolescente la possibilità di vivere una sorta di "crescita simulata" dove il superamento delle prove richiede abilità, intuito, coraggio e capacità di previsione. Di fronte alle varie scelte che si prospettano in un ipertesto, il lettore deve mettere in gioco non solo la sua capacità di organizzare logicamente gli elementi che sono "dentro" al libro, ma anche le conoscenze che provengono da "fuori", da altri libri e dalla sua esperienza del mondo. Una sorta di allenamento narrativo in grado di attivare un forte processo di immedesimazione. Ma se il legame tra libro-gioco e labirinto ci riporta verso il passato, il suo essere un "ipertesto cartaceo" ci proietta verso la modernità tecnologica. La tipologia degli ipertesti, come abbiamo visto, è riconducibile a due tipi fondamentali: ipertesti ramificati e ipertesti combinatori. La stessa tipologia è applicabile concettualmente al libro-gioco: l'ipertesto ramificato prevede una serie di bivi e di scelte da effettuare senza consentire il salto da un punto all'altro del ramo (libro-gioco); quello combinatorio (o reticolare) prevede la possibilità di muoversi su percorsi diversi, paralleli e di saltare da uno all'altro (avventura in solitaria).

A questa distinzione strutturale, va applicata un'ulteriore suddivisione che si riscontra nello sviluppo della narrazione. Nel primo caso, la narrazione prevale sull'azione ludica e la scelta del fruitore ad ogni bivio, corrisponde allo sviluppo di un nuovo "blocco" narrativo. Tuttavia la struttura ad albero, non si distacca realmente dalla linearità della narrativa tradizionale: le diramazioni non sono compossibili ma esclusive. Il lettore non legge un racconto "molteplice" ma un racconto lineare, scelto in una gamma di racconti lineari costituiti da inizio-sviluppo-fine, e costruiti secondo le funzioni identificate da Propp (*Capitolo Secondo*).

Nel secondo caso, l'azione ludica prevale sulla narrazione. L'attenzione si concentra sulle descrizioni delle ambientazioni, dei personaggi, delle battaglie, degli oggetti e la scrittura presenta forti analogie con la narrazione per immagini di stampo cinematografico. L'aspetto decisionale questa volta, incide solo in parte sullo sviluppo della narrazione che si presenta fortemente lineare, per concentrarsi sul "futuro" dell'attività ludica del lettore (es. Luogo-inizio: siamo in una landa sperduta. In un castello dimora un potente stregone che sta organizzando un esercito di zombi per conquistare tale landa. Azione-svolgimento: il lettore-protagonista deve reperire un'arma leggendaria per sconfiggere lo stregone, ma dovrà superare una serie di prove. Azione-fine: il protagonista utilizza l'arma leggendaria per sconfiggere lo stregone. La landa sperduta è salva). Si può dire che i libri-gioco si presentino ipertestuali nella struttura ma non nella narrazione. Inoltre, essi, tendono a svilupparsi prevalentemente all'interno del genere poiché governato da regole, luoghi comuni e ripetizioni in assenza delle quali il lettore avrebbe difficoltà ad immedesimarsi.

Infatti, in un racconto di questo tipo, il lettore deve imparare a pensare allo stesso modo in cui dovrebbe effettivamente ragionare il protagonista: deve insomma comportarsi come farebbe un buon investigatore nella Londra vittoriana, un cow-boy nel selvaggio west, un buon pilota di astronavi nello spazio intergalattico, un buon gatto dei cartoni animati in un pacifico quartiere di periferia a seconda, ovviamente, dell'ambientazione che l'autore ha deciso di proporre. Le scelte corrette in termini di immedesimazione porteranno probabilmente a sviluppi della storia positivi per il protagonista mentre le scelte sbagliate avranno esiti negativi. In un'ambientazione da cartone animato ad esempio, il lettore alle prese con un avversario dovrebbe preferire il lancio di una torta coperta di panna a quello di un boomerang, che anche nella realtà è un'arma micidiale (ammesso che si sappia usare). Chiunque abbia visto qualche cartone animato sa bene il perché. Agli altri non resta che andare a intuito o tirare a indovinare. Spetta all'abilità dell'autore giocare con i luoghi comuni dei vari generi, ribaltandone ogni tanto qualcuno perché il lettore più accorto non trovi tutto scontato: giustificando tali eccezioni in termini di racconto e fornendo qualche indizio che metta in guardia dai ribaltamenti che hanno effetti più nefasti sull'esito finale, consentendogli così di prendere comunque le decisioni corrette se sa interpretare a dovere le situazioni proposte.

5.2 il videogioco

Considerando la giovane età del medium (i primi esperimenti in laboratorio risalgono al 1958) è impossibile non notare la velocità con cui il videogioco si evolve sotto la spinta di innovazioni stilistiche e tecnologiche costanti. L'impatto del videogioco sulla società contemporanea è ormai consolidato e, ciò rende possibile il considerarlo come uno dei protagonisti della Rivoluzione Digitale dell'ultimo ventennio. Ed è proprio in questo scenario che si inseriscono la maggior parte delle teorie tese a definire l'importanza, le caratteristiche, la portata culturale e i limiti del videogioco. Gli spunti e le correnti sono molteplici, antitetiche e complementari al tempo stesso, per cui è necessario partire da una definizione chiara e precisa su cosa si intenda per videogioco e seguire i momenti salienti della sua evoluzione per comprendere quali siano le caratteristiche su cui si basa il dibattito teorico. Un quadro generale è delineato da Francesco Alinovi che, nel saggio "Serio Videoludere" scrive: "L'idea di videogioco si sviluppa a partire dal desiderio di manipolare le immagini riprodotte sullo schermo [...] il videogioco permette un tipo di interazione più denso, che riguarda la manipolazione della dimensione spaziale, grazie alla possibilità di modificare le relazioni tra gli oggetti e tra gli oggetti e l'ambiente all'interno di uno stesso contesto narrativo. E quando si parla di contesto narrativo si intende non tanto una "storia" quanto un microuniverso fatto di regole e modelli fisici/dinamici"[166]. E' evidente, quindi, che il videogioco si basi sul concetto di interazione all'interno di un universo diegetico ed è proprio il

---

166 F. Alinovi, *Serio videoludere*, in M. Bittanti, *Per una cultura dei videogames*, Milano, Edizioni Unicopli, 2002, p. 7

rapporto tra interattività e contesto, inteso come "piccolo mondo dotato di una propria coerenza e coesione testuale"[167] che differenzia il videogioco dagli altri media visivi classici, quali il cinema e la televisione. Nonostante questa duplice implicazione sia presente sin dagli albori del mezzo, in cinquant'anni di vita il videogioco si è evoluto in una maniera tale da assumere una forma molto diversa da quella originale. Il progresso delle tecniche di programmazione, insieme a un modello di produzione sofisticato, ha infatti moltiplicato le possibilità di interazione e di narrazione rendendo la duplice implicazione (interattività-narrazione) sempre più complessa e profonda. Un sintetico ma chiaro sommario delle tappe fondamentali dello sviluppo è offerto sempre da Alinovi il quale riconduce il processo evolutivo del medium a quattro tappe fondamentali:

- manipolazione;
- narrazione;
- ambiente;
- emozione;

La prima fase, corrisponde ai primi esperimenti tecnico-ludici risalenti a *Tennis for Two* (W. Hingbotham, 1958), atti a esplorare le possibilità offerte dalla capacità di calcolo dei primi elaboratori. La seconda che è strettamente correlata alla terza, risulta decisiva per lo sviluppo del medium: la narrazione contenuta all'interno di un videogioco. A questo processo concorrono le suggestioni letterarie che albergano l'immaginario collettivo degli autori di videogiochi: la fantascienza ispira la nascita degli *sparatutto*[168], i film di arti

---

167 *Ivi*, p. 8
168 Categoria di videogiochi in cui l'azione predominante è sparare (con diverse tipologie di armi) ai nemici che infestano il livello di gioco. La categoria più famosa è lo sparatutto in prima persona (FPS, acronimo di First Person Shooting), meno conosciuti sono gli sparatutto in terza persona (TPS, acronimo di Third Person

marziali che diventano *picchiaduro*[169] e i mondi fiabeschi che diventano teatro delle cosiddette *piattaforme*[170]; inoltre vi sono le simulazioni di eventi sportivi dati dalla percezione filtrata dalla televisione e le simulazioni di vita reale. La narrazione in questa fase, oltre ad essere formalmente mutuata da altri media, si presenta decisamente più sviluppata della tecnica (grafica, suoni, animazioni, etc.) utilizzata. Emblematico, a questo proposito, il caso proposto da Mark J.P. Wolf riguardante *Super Breakout* (Atari, 1981). Non è altro che un gioco di riflessi in cui il giocatore controlla una piattaforma oscillante che deve respingere una pallina (o meglio, un quadratino) per indirizzarla verso alcuni blocchi colorati nella parte superiore dello schermo con l'obbiettivo di colpirne quanti più possibile. Eppure le istruzioni di gioco sembrano volerci dire altro, di seguito l'incipit (Trad in ita):

«Immagina di essere in una navicella spaziale che viaggia attraverso i cieli alla velocità della luce. Tu e la tua piccola astronave siete totalmente inghiottiti dal buio, tranne che per la luminosità occasionale di una stella di passaggio. Improvvisamente, un lampo brilla davanti a voi. Controlli lo schermo radar. Niente. Ben presto c'è un altro flash, e un altro. Si controlla nuovamente lo schermo radar, ancora niente. [...] Sta a voi».

È chiaro che il contesto narrativo sia decisamente più sviluppato rispetto alla dinamica di gioco in sé. Eppure, è proprio il connubio tra l'atmosfera spaziale e l'ingegnosa meccanica di gioco ad aver reso il titolo Atari un classico. La narrazione, in questo caso, serve a "giustificare" ciò che accade sullo schermo

---

Shooting).
169 Dall'inglese *beat'em up* (picchiare), picchiaduro è il termine adottato per indicare le categorie di videogiochi dove lo scopo principale è affrontare i nemici sfidandoli ad incontri di lotta a mani nude (arti marziali, boxe, armi da mischia etc.)
170 Con il termine *Platform Game* si indicano i videogiochi che implicano l'attraversamento di livelli costituiti da piattaforme (a volte disposte su più piani).

rendendo credibile e desiderabile il gioco. La successiva maturazione dell'ambiente di gioco coincide con l'affrancarsi del medium come strumento per la creazione di universi diegetici indipendenti. Non a caso molti degli autori di videogiochi formatisi in questo periodo ripetono più volte la frase "We create worlds"[171], quasi a ribadire la possibilità offerta dal videogioco di andare oltre gli orizzonti segnati dagli altri media. Ma la costruzione di un ambiente riconoscibile, il fascino dell'esplorazione, l'avvento del 3D non bastano a rendere centrale l'esperienza del giocatore (pur godendo di libertà limitata dalle regole e dai confini del mondo diegetico): senza la narrazione o un contesto narrativo, l'occasione di gioco risulterebbe inutile e poco coinvolgente in quanto, essa è necessaria per consentire al fruitore la completa immersione all'interno dell'ambiente virtuale.

L'ultima fase di sviluppo dal medium videoludico, secondo Alinovi, è quella dell'emozione: «Creato il micro-universo digitale, il passo successivo consiste nel popolarlo di creature dal comportamento complesso e imprevedibile». L'emozione passa attraverso i personaggi che fungono da intermediari tra gli ambienti del videogioco e il videogiocatore. La caratterizzazione dei personaggi dei videogiochi si è evoluta tanto quanto il mezzo stesso, sia dal punto di vista estetico che da quello psicologico: le differenze fra *Pac-Man*, la famosissima pallina gialla mangia pillole costantemente perseguitata dai fantasmi e Lara Croft, non meno famosa e sensualissima archeologa intraprendente, protagonista della saga di *Tomb Raider*, sono abbastanza evidenti, non solo anatomicamente. Ormai l'anagrafe del mondo dei videogiochi registra moltissimi esempi di personaggi a tutto

---

171 "Noi creiamo mondi", We create worlds è stato, dal 1983 al 2004 marchio registrato da Origin Systems di Richard Garriot una delle più importanti case produttrici di videogiochi sino alla scomparsa.

tondo, capaci nel corso degli anni, e dei vari episodi delle loro avventure, di sviluppare una personalità che a volte esce fuori dal videogioco stesso per assumere un'identità propria (SuperMario, Alex Kid, Solid Snake di *Metal Gear Solid*, Guybrush Threepwood di *Monkey Island* etc). Ogni videogiocatore ha la propria percezione del personaggio perché ha contribuito al suo "continuum emotivo" e, per quanto le scelte e i finali possibili di un videogioco siano necessariamente limitati, la sensazione di aver vissuto una storia condivisa da altri videogiocatori (siano essi virtuali o reali) è una delle peculiarità che caratterizza tale medium. L'emozione, però, non risiede soltanto nel rapporto tra personaggi e la percezione che abbiamo di essi, anche qui è necessario l'apporto della narrazione perché il mondo virtuale costruito ad hoc per il videogiocatore sia credibile e, quindi, abitabile (la così detta sospensione della realtà). Inoltre, la continua evoluzione del videogioco come medium è direttamente proporzionale a quello della narrazione stessa che incamera, in dosi sempre più massicce, elementi caratteristici del linguaggio cinematografico.

5.2.1 Generi e contesto narrativo

Il videogioco ha articolato un sistema di generi secondo i canoni culturali di un determinato tempo e luogo, una fotografia della realtà diacronica specificamente videoludica. Esistono :

- *Videogiochi d'azione (beat'em-up e shoot'em-up):* lo scopo è colpire gli avversari, visione in soggettiva (*Doom*) oppure oggettiva (*Space Invaders*). Interattività fortissima, presenza del solo contesto narrativo;

185

- *Platform*: un personaggio dai tratti grottesco-caricaturali si muove saltellando fra piattaforme e buffi oggetti. Visione oggettiva, interattività forte, presenza del contesto narrativo (*Super Mario Bros*).

- *Rompicapo*: sul modello dei puzzle (*Tetris*), visione soggettiva o oggettiva, interattività bassa, narrazione assente.

- *Strategy o gdr*: giochi da tavolo riportati sul computer (*D&D*), visione soggettiva o oggettiva, interattività alta, narrazione medio-alta.

- *Graphic Adventure*: quest'ultima categoria costituisce la più narrativamente "forte". Uno o più personaggi controllati dal videogiocatore, si muovono all'interno di una trama decisa dall'autore, interfacciando una serie di verbi con l'ambiente che li circonda per affrontare una serie di enigmi sparsi per il gioco, risolti i quali, la trama narrativa procederà. Il personaggio principale è solitamente inquadrato in oggettiva esterna (terza persona), non in soggettiva, segno della minore interattività e della maggiore narratività di questo genere.

Un sistema dei generi così costituito, permette di disporre di un gruppo di elementi riconoscibili, sui quali verificare la forza della narrazione e l'innovatività di una proposta che da essi si distacchi. Il rischio è di una serializzazione standardizzata per necessità industriali, fenomeno riscontrabile nell'ultima generazione di film hollywoodiani.

È, quindi, sulla categoria delle *graphic adventure* che focalizzeremo l'attenzione, in quanto è il genere che più si avvicina al suo predecessore: il libro-gioco come volume cartaceo che cercava di sposare la narrativa tradizionale a lineamenti tratti dai giochi di ruolo, per favorire l'immedesimazione emozionale e, al tempo stesso, l'interattività ludica da parte dell'utente. Essendo le

Avventure Grafiche caratterizzate da una forte componente narrativa, tendono a focalizzare l'attenzione del fruitore sullo spazio e sull'esplorazione. In questo senso è possibile individuare due sfere di influenza: da una parte, la narrazione è da considerarsi un atto testuale di rappresentazione e di presentazione, è un testo che racchiude un determinato significato. Dall'altra, la narrazione diventa un'immagine mentale costruita da chi fruisce della storia in risposta al "testo" e quindi un'interpretazione soggettiva del giocatore, che osserva con più attenzione gli elementi che l'autore ha messo in posizione predominante. L'oggettività dell'ambiente e della struttura di gioco si interseca con quello che il giocatore percepisce, che ricorda e che "sintetizza in memoria". Tuttavia, gli elementi significativi spesso sono anche gli elementi centrali per proseguire nel gioco, quindi vengono sottoposti forzatamente all'attenzione del giocatore che arriva a considerarli tali nel momento in cui quegli stessi elementi gli servono per proseguire nel gioco e nella narrazione. È interessante elencare alcuni dei modi attraverso cui la narrazione si può concretizzare e che si possono considerare generalmente validi indipendentemente dal mezzo su cui la narrazione si manifesta:

1. *Esterno - interno*: nella prima modalità la narrazione è codificata in segni materiali, nel secondo caso avviene esclusivamente nella mente del giocatore.

2. *Diegetico - mimetico*: questa distinzione rimanda alla Repubblica di Platone. Una narrazione diegetica è l'atto verbale e diegetico di un narratore e, come tale, presuppone un linguaggio che funga da veicolo (sia esso orale o scritto). Una narrazione mimetica consiste nel mostrare, non nel trasmettere verbalmente. Tutte le arti drammatiche

sono chiari esempi della narrazione mimetica: i film, il teatro, la danza, l'opera e, ovviamente, il videogioco. Queste due modalità possono convivere nella stessa opera.

3. *Autonomo - illustrativo*: nel primo caso, il testo trasmette una storia nuova per l'ascoltatore-lettore-giocatore. La logica e la struttura della storia devono essere ben presenti all'interno del testo stesso. Nel secondo, il testo ripete, racconta di nuovo e, a volte, completa una storia che l'ascoltatore-lettore-giocatore già conosce. Questo tipo di narrazione è tipico, ad esempio, dei dipinti ispirati a vicende bibliche. Un altro esempio sono i miti riportati in epoca contemporanea (vedi Cap. 5.2.3)

4. *Ricettivo – partecipativo*: nel modo ricettivo, il destinatario non ha un ruolo attivo negli eventi della narrazione. Il destinatario diventa attivo quando contribuisce alla produzione dell'intreccio. Questa seconda modalità è utilizzata, oltre che nelle sessioni di teatro interattivo, nei giochi di ruolo, anche e soprattutto nei videogiochi. In questi ultimi, infatti, l'utente è rappresentato come un *avatar*[172] (nota) immerso nel mondo di gioco e, risolvendo problemi in tempo reale ne determina il successo o il fallimento.

5. *Determinato – indeterminato*: nel primo caso, il testo specifica un numero sufficiente di punti sulla traiettoria narrativa per fornire un chiave di interpretazione degli eventi al lettore. Nel modo indeterminato, vengono invece forniti meno punti di riferimento e viene richiesta una partecipazione più attiva da parte del fruitore. Questa seconda modalità è tipica di quelle rappresentazioni pittoriche che

---

172 Il termine *Avatar* è originario della tradizione induista, nella quale ha il significato di incarnazione, "colui che discende". In ambito tecnologico e informatico, indica un'immagine scelta per rappresentare la propria utenza in comunità virtuali.

ritraggono un "momento pregnante": lo spettatore è trascinato al centro dell'azione e della narrazione senza punti di riferimento precisi sul significato reale di quello che sta guardando e deve immaginare il passato e il futuro remoto di quell'interazione di cui vede solo un frammento.

6. *Letterale – metaforico*: la narrazione letterale è sicuramente più definita e risponde precisamente alla sua definizione. Riguarda eventi e situazioni che si riferiscono esattamente a quanto è narrato. Più complicato è invece per la narrazione metaforica, in quanto, in base al grado di "metaforicità" del testo, cambia anche la sua struttura. Il grande vantaggio del modo metaforico è quello di permettere alla narratologia di comprendere molte delle estensioni contemporanee del termine "narrazione".

In queste coppie, il primo modo narrativo è sempre quello più legato a strutture del discorso letterario tradizionali mentre la seconda modalità è quella più innovativa, sfruttata maggiormente dalle narrazioni transmediali[173]. Il caso del medium del videogioco è particolare perché tende ad aderire sempre al secondo opposto delle coppie presentate tendendo a configurarsi come un sistema narrativo innovativo e fortemente (apparentemente) separato da quello originario e più tradizionale tradizionale. Gli studiosi, inoltre, insistono sul concetto di interattività, chiamando il giocatore "inter-attore". Il prefisso "inter-" presuppone

---

173 Il termine *Transmedia Storytelling* è stato coniato nel 2003 da Henry Jenkins, docente del MIT. Con questa formula indichiamo "Una forma di narrazione che utilizza molteplici piattaforme e formati per offrire un'esperienza pervasiva e diversi punti d'ingresso alla storia". Ciò significa che le diverse piattaforme e i vari canali usati non raccontano la stessa storia, ma raccontano diversi punti di vista o diversi momenti della storia.

che fra l'attore e il mezzo da lui usato vi sia un tramite: l'interfaccia. Questa si presenta caratterizzata da una duplice natura:

- Fisica (tastiera, mouse, consolle etc);
- Visuale (monitor, schermo, televisore etc).

L'interfaccia è fondamentale poiché si basa non solo sulla sinergia e coordinazione fra occhio e mano ma anche sulla capacità di elaborare le informazioni, di riflettere su di esse, di ragionare al fine di operare inferenze induttive sul da farsi[174].

5.2.2 Narrazione vs interazione

Per quanto questi due aspetti possano apparire imprescindibilmente connessi, la loro importanza e il loro rapporto è oggetto di numerose discussioni sia da parte di studiosi sia dei videogiocatori stessi. Nel vivace dibattito che caratterizza l'evoluzione dei videogiochi si scindono due posizioni: quella narratologica che esalta la componente narrativa all'interno del videogioco, e quella ludologica per cui la storia rappresenta un elemento marginale, un pretesto per pigiare i pulsanti della tastiera (o console o gamepad). La ludologia, infatti, nasce come moto di indipendenza del videogioco rispetto agli altri media, pertanto il ruolo principe della narrazione viene visto dai ludologi come un lascito monolitico dei vecchi media, da decostruire e ridimensionare in favore dell'analisi dell'atto stesso e assoluto del giocare[175]. Uno spaccato e una possibile

---

174 Tanoni, 2003, pp. 48-52
175 E. Aareseth, *Genre Trouble: Narrativism and the Art of Simulation*. in N. Wardrip-Fruin & P. Harrigan, a cura di, *First Person: New Media as Story, Performance,*

risoluzione di questa rivalità vengono offerti da Jan Simmons, professore associato in "studio dei nuovi media" presso l'Università di Amsterdam, nel suo saggio *Narrative, Games, and Theory*[176]. Simmons sposta la discussione ad un livello più alto, partendo dalla necessità della narrazione nella storia dell'umanità cita Roland Barthes: "la narrazione è internazionale, transtorica, transculturale: essa è semplicemente là come la vita stessa è"[177]. Simmons scrive che il problema principale non è se o quanto sia importante e rilevante la narrazione nel videogioco, ma la prospettiva adottata per analizzarla: il videogioco è di fatto un medium che utilizza la narrazione per trasmettere un messaggio quindi, invece che interrogarsi su quanto e perché essa sia importante nel mezzo, può essere molto più interessante e utile semplicemente analizzarne le caratteristiche, evitando quindi il rischio di cadere nel *non-sense* di creare modelli alternativi alla narrazione per analizzare la stessa componente narrativa nel videogioco, come, per esempio, una simulazione che assume caratteri narrativi. Se a una prima analisi riconoscere le fondamenta narrative del mezzo possa sembrare un assist alla narratologia, nel corso del saggio Simmons critica agli studiosi di questa corrente l'approccio totalmente derivativo rispetto all'analisi della narrativa letteraria e cinematografica, reo di rendere il videogioco una semplice alternativa ad altre forme classiche di racconto, negandone di fatto la complessità dell'aspetto interattivo. In relazione a tale interattività emerge l'aspetto ipertestuale per la cognizione che, esso, faccia procedere il videogiocatore secondo modalità di percorso attive e e multilineari, diversamente da quanto accada nella narrativa classica. In realtà il videogioco sfrutta solo in parte e

---

and Game, The MIT Press 2004
176 Simmons, Narrative, Games, and Theory: http://gamestudies.org/0701/articles/simons
177 R. Barthes, *Introduzione all'analisi strutturale dei racconti*, L'analisi del racconto, Milano, Bompiani, 1977

secondo strategie particolari le modalità di percorso ipertestuale. Chi intende il videogioco come appartenente alla tipologia di ipertesto, infatti, sa benissimo che le possibilità che si presentano al giocatore sono sempre limitate, predestinate, seppure possano dare vita a combinazioni (quindi a partite) originali e mai uguali. Senza dubbio il videogioco ci presenta narrazioni volutamente parziali, le quali richiedono nostri interventi attivi per riempire le parti vuote ma in fin dei conti, esso, ci offre solo l'illusione della scelta. E in tal senso ci viene in aiuto una definizione di Francesco Carlà: "La comunicazione interattiva che il videogame ci propone è una comunicazione in gran parte mutilata. In qualunque videogame di fantasia, dove si diventa protagonisti di una storia, la nostra azione non può e non deve fare altro che ricomporre un programma depositato nella memoria della macchina"[178]. Questo ci permette di chiamare in causa Propp e le sue funzioni narrative che seppure individuate nell'ambito della fiaba sono generalizzabili a molte altre forme di racconto. I videogiochi obbediscono a regole compositive, una vera e propria Morfologia per usare il termine adoperato dallo studioso russo nel suo classico lavoro sulla fiaba.

5.2.3 Il ritorno dell'Eroe

Non è certamente un caso che uno dei libri *cult* degli sceneggiatori hollywoodiani si intitoli Il viaggio dell'eroe. Vogler cattura lo spirito dell'opera di Campbell e, integrandolo con il concetto di archetipo e con il lavoro sulle

---

178 F. Carlà, *Space Invaders. La vera storia dei videogames*, Castelvecchi Edizioni, 1996, p. 13

fiabe di Propp (*Capitolo Secondo*), lo applica alla narrazione cinematografica. Il legame tra mito e fiction contemporanea è un legame inscindibile proprio perché il mito rappresenta una fonte inesauribile di immagini emozionanti e sempre attuali o attuabili, soprattutto per un medium che lavora sulla rappresentazione visiva e sul piano emotivo. Eppure il cinema ha due limiti: il primo è il tempo e il secondo riguarda le modalità di rappresentazione. Per quanto riguarda il primo, è Vogler a rendere bene l'idea comprimendo le dodici funzioni caratteristiche del viaggio dell'eroe nel diagramma di Syd Field. Questo prevede la classica impostazione aristotelica in tre atti e garantisce lo svolgimento della vicenda in centoventi minuti di durata. Sul piano della rappresentazione il limite è tecnologico e riguarda l'economicità e la potenza della parola rispetto alle immagini: le parole possono evocare qualsiasi concetto a costo zero, le immagini devono essere "create" e per tanto, devono risultare credibili.

Il problema e la sfida dell'inganno ottico e dei cosiddetti effetti speciali nasce con il cinema stesso: nel 1896 George Meliès introduce la sostituzione, la sovrapposizione e la dissolvenza per creare illusioni fantastiche di uomini senza testa e viaggi interstellari; la ricerca del fantastico e dell'incredibile ha sempre rappresentato un topos per il cinema; eppure neanche il più visionario dei registi del cinema classico avrebbe immaginato di poter vedere un giorno sullo schermo qualcosa di reale e di irreale fondersi alla perfezione in una nuova e ibrida dimensione. Il cinema, come il mito evolve il suo linguaggio attraverso la trasformazione del mezzo di comunicazione per eccellenza, ovvero il computer e successivamente, attraverso le reti di computer tra cui la più famosa rete mondiale: Internet. I nuovi mezzi di comunicazione di massa modificano radicalmente qualsiasi forma di linguaggio e inaugurano un fenomeno destinato a cambiare totalmente la percezione e il consumo dei prodotti mediatici stessi: la

193

cross-medialità[179]. Di conseguenza, anche la narrazione, invasa dalle nuove potenzialità espressive, cambia in ogni sua manifestazione. Il tempo e lo spazio nell'era digitale non sono più dei limiti espressivi. Nel caso del cinema, per quanto la durata della singola pellicola non cambi drasticamente, Internet permette ai film di espandere il proprio universo: siti web con materiale aggiuntivo, retroscena, dietro le quinte, storie parallele, ma anche vere e proprie linee narrative alternative o integrate nella trama del film, per non parlare della possibilità di mettere in contatto gli spettatori di tutto il mondo e renderli partecipi continuamente. Nell'era del web un film, come qualsiasi prodotto di *fiction*, non dura solo due ore, ma è potenzialmente infinito, così come potenzialmente infiniti sono i meccanismi che può generare. In questa ragnatela di senso che si viene a creare è impossibile non notare una somiglianza con la natura stessa del mito: Internet permette alle storie di generare in modo del tutto naturale e incredibilmente veloce quelle relazioni tra elementi che sono il significato stesso delle narrazioni. Se Internet permette ai film di sospendere la dimensione temporale dei propri universi diegetici, la realtà virtuale costantemente evocata dai giochi elettronici fa sorgere scenari contrastanti, dove il computer e le sue immagini "immateriali" sono accolte contemporaneamente sia come possibile minaccia per il sistema di narrazione classico, sia come incredibile possibilità per mettere in scena infiniti nuovi universi. In questa opposizione tipicamente mitica, la narrazione assume nuove interessanti forme: l'eroe contemporaneo viene strappato dalla sua realtà per essere inserito non più in un semplice universo sovrannaturale, ma in un mondo virtuale, dove, più che l'artefatto magico per sconfiggere il mostro, sarà alla ricerca del software giusto per riprogrammare il reale o alla ricerca di un modo per liberare la realtà stessa

---

179 Possibilità di fruire di un medesimo contenuto su mezzi diversi.

da un virus. Gli esempi di commistione fra reale e virtuale sono numerosissimi e meriterebbero un'ampia analisi, ma basta citare *Blade Runner* di Ridley Scott (1982) o *Matrix* di Andy e Larry Wachowski (1999) per intuire immediatamente che i nuovi *Titani* si chiamano *Replicanti* e che i nuovi *Eletti* vengono dotati di abilità tramite software. L'interazione con universi sintetici, però, non riscrive solo gli scenari del mito, ma permette di recuperare anche in forma del tutto rinnovata gli stessi miti antichi e tutta la letteratura fantastica del Novecento, genere narrativo totalmente dipendente dal mito. I nuovi mezzi di comunicazione, inoltre, recuperano una dimensione fondamentale del mito: la dimensione orale del momento del racconto e della performance narrativa. La dimensione interattiva offerta dai videogiochi, dai siti Internet e dai mondi presenti sul web permettono un continuo "ritorno del mito" in quanto la loro evoluzione dipende esclusivamente dall'utilizzo degli utenti, che da spettatori si trasformano in soggetti attivi ai fini stessi della narrazione. Il linguaggio dei nuovi media ha reso qualsiasi prodotto narrativo un'esperienza. Il ruolo del soggetto, nella produzione mediatica contemporanea, diventa fondamentale perché rappresenta il fulcro sul quale si snoda il confronto, il contrasto e l'evoluzione tra immagini e immaginari diversi. L'evoluzione del concetto di condivisione orale, di passaparola, nel terzo millennio passa per Internet, così come l'esperienza è tale se tale è la presenza di interazione.

5.2.4. L'inter-attore in tre atti

Il viaggio raccontato si compone di tre atti a loro volta suddivisi in ulteriori tappe narrative che vanno di pari passo con la crescita del personaggio e la sua trasformazione in eroe.

I ATTO: Si comincia dal mondo ordinario, ovvero il prologo della storia che presenta una situazione, per l'appunto ordinaria, che contrasta nettamente con il mondo "speciale" in cui l'eroe entrerà all'inizio del gioco. In questa fase, tanto il ns personaggio quanto il giocatore hanno una conoscenza molto limitata di ciò che li attende da lì a poco. Tutto precipita con la "chiamata all'avventura" che segna il passaggio tra i due mondi. È l'evento che dà inizio alla vicenda. Possono darsi più chiamate in riferimento a situazioni personali eventi esterni e tentazioni. Non è una fase opzionale ma necessaria per lo sviluppo della storia che coincide con l'inizio dell'interazione. Questa fase propone un aumento di conoscenza che può prendere la forma di una riluttanza verso il cambiamento, manifestata nella terza fase: il "rifiuto della chiamata". Nel caso dei videogiochi più di una volta è possibile abbandonare l'impresa centrale nonostante l'insistenza di tutti i comprimari, per dedicarsi al compimento di missioni alternative. Tutto ciò può essere reiterato fino ad un determinato punto che coincide con "l'incontro con il mentore", che ci indica la strada da percorrere. In questa fase il protagonista viene colto da un senso di sopraffazione che lo spinge ad accettare la missione nonostante tutti i dubbi che lo assillano. La separazione definitiva dal mondo ordinario avviene con "l'attraversamento della prima soglia". Questa fase mostra la preparazione dell'eroe mettendo in luce tutto il suo impegno nel voler portare a termine l'incarico.

196

II ATTO: si apre con la fase più lunga dell'esperienza di gioco, ovvero quella chiamata "prove, alleati, nemici". Comincia con l'attraversamento della prima soglia e prosegue con la presentazione di sfide sempre più complesse. Lo scopo è consentire all'eroe di acquisire, tramite la sperimentazione, tutte le competenze indispensabili per superare il confronto finale. Ciò comporta "l'avvicinamento al centro del labirinto", rappresenta il climax della storia: l'eroe ha terminato la sua preparazione ed è pronto a ritirare la sua ricompensa, preparandosi allo scontro finale. La "prova finale" è il duello definitivo con la nemesi dell'eroe che rappresenta la sua grande opportunità per dimostrare il suo nuovo status eroico. Il secondo atto termina con la "ricompensa": è sempre positiva, anche se al giocatore potrebbe non sembrare, questo perché in ogni caso comporta delle conseguenze importanti. Può segnare l'inizio del viaggio di ritorno o mostrarsi come filmato finale. L'importante è che la ricompensa rifletta sempre gli sforzi fatti per essere raggiunta.

ATTO III: molto spesso opzionale, coincide con il viaggio di ritorno, ovvero il "rientro al mondo ordinario". Nonostante la rinnovata dedizione, l'esperienza vissuta avrà cambiato l'eroe che non riuscirà più ad integrarsi con la situazione di partenza. Mentre la guardia è abbassata, si può assistere alla "risurrezione dell'ombra", l'ultimo colpo di scena prima della fine vera e propria. Il nemico riemerge solo per venire definitivamente sconfitto. Il ritorno con la ricompensa è il momento in cui il protagonista ha completa padronanza della situazione. Il giocatore ha modo di constatare che l'eroe è finalmente in grado di godersi la sua ricompensa e che la storia è finita. Si ritorna al punto di partenza ed è possibile valutare il cambiamento dell'eroe durante il corso dell'avventura.

S-CONCLUSIONI

Oltre i confini del testo si estendono *Spazi Illimiti*[180]. un Altrove interpretabile come "credenza secondaria" e raggiungibile attraverso la sospensione dell'incredulità. Una caratteristica fondamentale è rimasta sullo sfondo com'era prevedibile ed è l'elemento che rende possibile lo sconfinamento: il coinvolgimento emotivo. Secondo Tolkien, la volontaria sospensione dell'incredulità è lo stato d'animo tipico dell'adulto che ascolta una fiaba: può trovarla divertente ma non viene *coinvolto* nella narrazione al punto da trovarsi veramente in uno stato di incantesimo, non gli permette di entrare nel cerchio magico nella illusione, in quel che Tolkien chiama "il mondo di Feeria", un Altro Mondo. Il desiderio che Tolkien evoca è il piacere di esercitare un'attività pienamente razionale come la fantasia: "più acuta e chiara è la ragione e migliori fantasie produrrà" (Tolkien, p.75). Quest'affermazione è vera in parte. A mio avviso, il coinvolgimento non dipende solo dalla volontà di esercitare o meno la razionalità: la risposta emotiva precede sempre quella razionale. Il punto di partenza è la mente umana che, come scrive Goleman, ha "due sistemi mnemonici di riferimento: uno per i fatti ordinari e uno per quelli che hanno una valenza emozionale"[181]. Di fronte a qualsiasi esperienza infatti, prima dell'intervento razionalizzante che predispone il nostro corpo ad una reazione razionale, è già accaduto qualcosa di magico in noi. I primi secondi della percezione sono determinanti per la fruizione in quanto ci permettono di comprendere, a livello inconscio, quale sia l'oggetto percepito e se riconoscerci o

---

180 *Spazi Illimiti*, inedito, Bluvertigo 1998
181 Goleman D., *Intelligenza emotiva*, Rizzoli, Milano 1997, pp. 333-334

no in esso. È, quindi, nei primi secondi che si sviluppa il ricordo emotivo dell'esperienza intesa come "prima impressione". La prima impressione è la principale chiave di lettura fornita dal sistema limbico alla mente razionale quando questa si appresterà, già orientata positivamente o negativamente, al consumo dell'esperienza[182]. Si tratta di un percorso a senso unico dal quale è molto difficile tornare indietro.

Quindi, se da un lato il fruitore deve essere predisposto ad oltrepassare il confine del mondo reale per recarsi nel mondo possibile, dall'altro l'autore deve garantirgli un'esperienza articolata ed emotivamente coinvolgente tesa ad originare un sistema di "manutenzione delle emozioni". Come proteggere questo equilibrio?

Attraverso la struttura narrativa. Le forme mediali analizzate, come abbiamo visto, presentano vari tipi di strutture: ci sono narrazioni che seguono un'unica linea e frammentano il racconto in una o più sequenze prestabilite e, talvolta, obbligate come nel caso del libro-gioco o dei videogiochi; narrazioni che, come nel caso dei romanzi o dei film con struttura a tandem o multilineare, procedono con più storie in parallelo tra le quali il fruitore è chiamato a saltare da una linea narrativa all'altra; infine ci sono narrazioni che, come nel caso della narrativa ipertestuale, prevedono un ordine di fruizione indifferenziato e permettono di compiere liberamente le proprie scelte, di sperimentare e di orientarsi in completa autonomia all'interno del racconto.

Nei primi due casi, la struttura narrativa si presenta in tre atti (inizio-sviluppo-fine), non si può in nessun modo influire su di essa né decidere da quale

---

182 Approfondimento: J.LeDoux, Emotion and the lymbic system concept". Disponibile online all'indirizzo: http://www.ekmaninternational.com

punto iniziare a fruire la storia, il coinvolgimento è molto forte in quanto il fruitore è costretto a seguire il percorso emotivo predisposto dall'autore.

Nel caso delle narrazioni ipertestuali (in particolare gli iper-romanzi) ciò risulta molto difficile in quanto, con esse, si scardinano i capisaldi della struttura in tre atti e, di conseguenza, il coinvolgimento emotivo viene penalizzato a favore della possibilità di un intervento da parte del fruitore. Intervento che, se non correttamente "guidato", rischia di intaccare negativamente la prima fondamentale impressione, costringendo il fruitore ad allontanarsi. È opportuno sottolineare che l'esplorazione di questo territorio dagli incerti confini, considerando la giovane età del medium e la conseguente assenza di un linguaggio definito, è un'esplorazione senza alcuna pretesa di completezza. Se di una cosa si può esser certi è il fatto che l'obbiettivo della narrativa ipertestuale non è la semplice costruzione di una narrazione e di un universo immodificabile, ma l'edificazione di una narrazione e di un universo che spingano all'intervento attivo e all'esplorazione di ambienti comunicativi nuovi e insoliti, spesso sperimentali ma coinvolgenti e, soprattutto, curiosi. Per questo motivo è, forse, ancora più importante l'utilizzo di una "proposta emozionale" tesa a creare, nel corso della narrazione, un'equilibrata alternanza di emozioni forti e deboli per evitare di sviluppare percezioni negative nel pubblico.

Se alcune domande sono rimaste in sospeso, la fine può anche coincidere con un nuovo inizio....

BIBLIOGRAFIA

Accanti D., *L'imprenditorialità multimediale*, intervista, in "Mediamente Rai", Biblioteca digitale, Milano, 1999

Antinucci F., *Sistemi intelligenti*, anno V, n. 2, Bologna, Il Mulino, 1993

Alinovi F., *Serio videoludere*, in M. Bittanti, *Per una cultura dei videogames*, Milano, Edizioni Unicopli, 2002

Aristotele, *Poetica,* BUR Biblioteca Univ. Rizzoli, Milano, 1993

Azzoni S., *Frame. Videoarte e dintorni*, libreriauniversitaria.it Edizioni, 2014

Balzola A., Pesce R., *Storyboard. Arte e tecnica tra lo script e il set*, Roma, Dino Audino, 2009

Balzola A., *Una drammaturgia multimediale,* Roma, Editoria & Spettacolo, 2009

Balzola A., Rosa P., *L'arte fuori di sé*, Feltrinelli serie bianca, Aprile 2011

Balzola A., Monterverdi A. M., *New media digitali...*

Balzola A., A. M. Monteverdi, *Storie Mandaliche, Pisa, Nistri-Lischi, 2005*

Balzola A., A. M. Monteverdi, *Le arti multimediali digitali,* Milano, Garzanti, 2004

Balzola A. (a cura di), *La scena tecnologica*, Roma, Dino Audino, 2011

Barthes R., *Introduzione all'analisi strutturale dei racconti*, L'analisi del racconto, Milano, Bompiani, 1977

Benjamin W., *Il Narratore. Considerazioni sull'opera di Nicola Leskov, in Angelus Novus*, Torino Einaudi, 1976

Bernardelli, *La rete ipertestuale. Percorsi tra testi, discorsi e immagini*, milano, Morlacchi, 2010

Berners Lee T., L'architettura del nuovo Web, Feltrinelli, Milano 2001

Blasi G., *Internet. Storia e futuro di un nuovo medium*, Milano, Guerini Studio, 1999

Bolter J. D., Lo spazio dello scrivere, Vita e pensiero, Milano 1993

Bolter J. D., Grusin R., *Remediation. Competizione e integrazione tra media vecchi e nuovi*, a cura di Alberto Marinelli.Trad. it. di Gennato B., Milano, Guerini e Associati, 2002

Bettetini G., B. Gasparini, N. Vittadini, *Gli spazi dell'ipertesto*, Bompiani, 1999

Bertuglia C., Bertuglia F., Magnaghi A., *Il museo tra reale e virtuale*, Roma, Editori Riuniti, 2000,

Bruner J., *La ricerca del significato. Per una psicologia culturale*, Bollati Boringhieri, Torino 1992

Bush V., (1945), *As We May Think, Athlantic Monthly*, n.176

Cadioli A., *Il critico navigante*, Marietti 1998

Calvani A., *Iperscuola. Tecnologia e futuro dell'educazione*, Padova, Franco Muzzio, 1994

Cenobio, *L'epica, fra tradizione orale e tradizione scritta*, LXVII, 2008

Calvino I., *Se una notte d'inverno un viaggiatore*, Einaudi, Torino, 1979

Campbell J., *L'eroe dai milee volti*, Feltrinelli, Milano 1994

Carluccio G., *Cinema e racconto. Lo spazio e il tempo*, Loescher, Torino, 1988

Carmagnola F., *Plot. Il tempo di raccontare nel cinema e nella letteratura*,

Carlà F. , *Space Invaders. La vera storia dei videogames*, seconda edizione, Castelvecchi Edizioni, 1996

Carlini F., *Lo stile del Web*, Einaudi 1999

Cotti, F. Roncaglia G., *Il mondo digitale. Introduzione ai nuovi media,* Laterza, Roma, 2004

D'Andrea F., *L'esperienza smarrita. Il gioco di ruolo tra fantasy e simulazione*, Rubbettino, Catanzaro, 1998

Gilles Deleuze e Félix Guattari, *Mille piani. Capitalismo e schizofrenia* (1980), sez. 1, Castelvecchi 1997

Devoti A. G., *Oltre la parola. Saggio di didattica multimediale*, Roma, Armando , 2000

De Rosa A., *Supporti informatici per la cultura*, Simone, 2010

Eco U., *Lector in fabula*, Bompiani, Milano 1994

Eco U., *Opera aperta*, Bompiani, Milano 1962

Feràl J., *Il faut que l'acteur ait une soif de savoir. Entretien avec Robert Lepage*, in J. Feràl, *Mise en scène et jeu de l'acteur*

Fontana A., *Storyselling: Strategie del racconto per vedere se stessi, i prodotti, la propria azienda*, Rizzoli Etas, 2010

Field S., *Come risolvere i problemi di sceneggiatura. Dal sintomo alla causa, dalla causa alla terapia*, Dino Audino,

Riccardo Fragnito, *Nuovi linguaggi: tra presente e assenza*, in Multimedialità Cultura Educazione, a cura di Giuseppe Acone, Brescia, Editrice La Scuola, 1995 Roma 2001

Kristeva J., *Semiotikè. Ricerche per una semanalisi*, Milano, Feltrinelli, 1978

Joyce M., *Of Two Mind: Hypertext Pedagogy and Poetics*, University of Michigan Press, Ann Arbor, 1994

Giovagnoli M., *Transmedia. Storytelling e comunicazione*, Apogeo, Milano, 2013

Giuliano L., *Il teatro della mente. Giochi di ruolo e narrazione ipertestuale*, Guerini e Associati, Milano 2006

Hampâté Bâ A., *Il saggio di Bandiagara*, 2001

Lana M., *Il testo nel computer. Dal web all'analisi dei testi*, Bollati Boringhieri, Torino 2004

Landow G. P., *L'ipertesto. Tecnologie digitali e critica letteraria*, Bruno Mondadori, Milano, 1997

Lughi G., *Parole on-line, dall'ipertesto all'editoria multimediale*, Milano, Guerini, 2001

Manovich L., *The Language of New Media*, Boston, The MIT Press, 2001, tr. it. di Merlini R., *Il linguaggio dei nuovi media*, Milano, Olivares, 2002

Mattei M. G., *Le radici dell'edutainment oltre il mito della tecnologia, in Cultura in gioco. Le nuove frontiere di musei, didattica e industria culturale nell'era dell'interattività*, a cura di Valeriano P. A. , L. M. R. Delli Quadri, Firenze-Milano, Giunti, 2004

Mc Luhan M., *La galassia Gutenberg: nascita dell'uomo tipografico*, Università di Toronto, 1962

Mc Luhan M., *Gli strumenti del Comunicare*, 1964

Meyer R., *The Wisdom in Fairy Tales,* Floris, 1988

Negroponte N., *Essere digitali*, 1995

Nelson T.H., Literary Machine 90.1,il progetto Xanadu, Muzzio, Padova, 1992

Novak J. D., Gowin B. D., *Learning how to learn*, New York, Cambridge University Press, 1984, tr. it. a cura di Caravita S., *Imparando a imparare*, Torino, SEI, 2001 (1^ ed. 1989)

Ong W. J., *Oralità e scrittura. Le tecnologie della parola*, Il Mulino 1986

Pandolfi A., Vannini W., *Che cos'è un ipertesto*, Castelvecchi 1996

Paracchini F., *Cybershow*, Ubulibri, Milano, 1996

Picon-Vallin B., *Hybridation spatiale, registres de présence, in Les écrans sur la scène*, a cura di B. Picon-Vallin, Lausanne, L'Age d'Homme, 1998

Pizzo A., Neodrammatico digitale: Scena multimediale e racconto interattivo, Accademia University Press, 2013

Propp V.J., Morfologia della fiaba, Einaudi, Torino, 1966

Quinz E., *Interface-World. Mutazioni della scena: dal testo all'ambiente, in La scena digitale. Nuovi media per la danza,* Marsilio, Venezia, 2001

Rosa P., *Multimedialità e ambienti sensibili,* in *La multimedialità da accessorio a criterio,* a cura di Finocchi V.,Venezia, Università Ca' Foscari 2009

State of Images: The Media Pioneers Zbigniew Rybczyński and Gábor Bódy, Distributed Art Pub Incorporated, 2011

Studio Azzurro, *TEATRO* a cura di Noemi Pittaluga e Valentina Valentini, Roma, Contrasto, 2012

Studio Azzurro, *Fare gli italiani*, Cinisello Balsamo, Silvana Editoriale, 2011

Tozzi T., Dal multimedia alla rete: ipertesto, interattività e arte, in L*e arti multimediali digitali. Storia, tecniche, linguaggi, etiche ed estetiche delle arti del nuovo millennio,* a cura di Balzola A., Milano, Garzanti, 2004

Vogler C., *Il viaggio dell'eroe*, Dino Audino, Roma, 2003

WEBGRAFIA

http://www.andreabalzola.it/

http://www.ateatro.it/webzine/

http://www.studioazzurro.com/

http://www.annamonteverdi.it/

http://www.storiadellafotografia.it/2009/11/25/le

http://www.youtube.com/watch?v=c539cK58ees

http://www.marianotomatis.it/passatempo.php

http://homes.di.unimi.it/~pasteris/progettoMM/doc/Queneau_ridotto.pdf

http://www.rouge.com.au/7/eisenstein.html

http://www.dsc.unibo.it/studenti/tesine/hyperfiction/index.htm

www.eastgate.com/patterns/Patterns.html

http://www2.unibo.it/boll900/numeri/2001-i/W-bol/Clement/Clementtesto.html

www.dsc.unibo.it

http://www.eastgate.com/storyspace/index.html

http://www.scriptonline.it

http://www.christophernolan.net/files/narrativeMementoSchmidt.pdf

http://www.storycharts.ca/

http://gamestudies.org/0701/articles/simons

http://www.wizards.com/Dnd/

http://www.eastgate.com/TwelveBlue

http://raven.ubalt.edu/staff/moulthrop

http://www.alt-x.com

http://www.worldofawe.net/site/journal.php

http://www.filipporosso.net/testi/s000t000d/

http://eliteratures.wordpress.com/interviste/filippo-rosso-testo/

http://www.erix.it/

http://www.onlynx.it/hi/strumenti/iper_narrativa.html

http://web.mclink.it/MK1027/BIOPARCO/DOWNLOAD/illibrodisabbia.pdf

http://www.issgreppi.gov.it/web/sezioni/matematica/leo.html

http://it.wikipedia.org/wiki/Franco_Carlini

http://it.wikipedia.org/wiki/Pierre_L%C3%A9vy

http://it.wikipedia.org/wiki/Tim_Berners-Lee

http://it.wikipedia.org/wiki/Henry_Louis_Mencken

http://it.wikipedia.org/wiki/Bertrand_Russell

http://it.wikipedia.org/wiki/Richard_Buckminster_Fuller

http://it.wikipedia.org/wiki/Agostino_Ramelli

http://it.wikipedia.org/wiki/Jack_Goody

http://www.aesvi.it/cms/view.php?dir_pk=505&cms_pk=62

http://philosophyandvideogames.wordpress.com/2012/05/26/videogames-simulazione-o-narrativa/

http://www.eurogamer.it/articles/2013-04-22-news-videogiochi-la-componente-narrativa-e-troppo-sacrificata-nei-videogiochi

http://forum.everyeye.it/invision/index.php/topic/680048-la-morte-della-narrazione-nei-videogiochi/

http://www.repubblica.it/online/internet/mediamente/george/george.html

http://www.cisenet.com/?p=741

http://www.tecnoteca.it/tesi/e_learning/versoelearning/multimedialitaeipertesti

http://www.edueda.net/index.php?title=L%27ipertesto_e_la_teoria_critica

http://ricerca.repubblica.it/repubblica/archivio/repubblica/1993/01/05/entriamo-in-un-romanzo.html

http://www.theatlantic.com/magazine/archive/1945/07/as-we-may-think/303881/

http://www.wwnorton.com/college/english/pmaf/hypertext/aft/

http://maurolongo.wordpress.com/2013/02/19/le-storie-a-bivi-di-topolino/

http://www.fumetti.org/Intervista.html

http://www.linkiesta.it/lupo-solitario-ipad

http://www.corsoiwd.it/vetrina/piccolibrividi/game2.html

http://www.laltrafacciadellamela.altervista.org/fiabe.html

http://giorgiobaruzzi.altervista.org/blog/strutture-e-tecniche-della-narrazione/

http://lafrusta.homestead.com/riv_romanzo.html

http://www.skeda.info/scheda-_skeda_periodico_Prato/home_2.html

http://denigro.wordpress.com/2011/08/13/su-semiotica-dei-videogiochi-di-massimo-maietti/

http://tomsblog.it/matts-games-viewpoint/2013/02/12/quale-il-posto-per-la-trama-nei-videogiochi/

http://www.ekmaninternational.com

www.ingramcontent.com/pod-product-compliance
Lightning Source LLC
Chambersburg PA
CBHW060500290526
45791CB00001B/201